CRAIG

O'HARA

PANKŲ

FILOSOFIJA

O'Hara, Craig

Ob-02   Pankų filosofija. — K.: V. Oškinis, 1993. — 32 p.

Knygoje pateikiama susisteminta pankų filosofinės minties ir visuomeninio judėjimo apžvalga.

UDK 316.6

S. L .969. 1993 02 18. Tiražas 1000 egz. Užsakymas 241. Leidinys 14. Valdote Oškinio leidykla. Bajninkų 4--3, Kaunas, 3005. Rinko ir spausdino Valstybinės spaustuvės „Raidė" Kėdainių skyrius.

叛客的哲學

作者: 克雷格．歐哈拉
(Craig O'Hara)

譯者: 張釗維

(譯 － 系列三)

一不只是噪音

Craig O'Hara

The Philosophy of Punk
Die Geschichte einer Kulturrevolte

Aus dem Amerikanischen von Edward Viesel
unter Mitarbeit von Viola Nordsieck

© Ventil Verlag UG (haftungsbeschränkt)
& Co. KG, 2001, Mainz
Abdruck, auch in Auszügen, nur mit
ausdrücklicher Erlaubnis des Verlags.
Alle Rechte vorbehalten.

Copyright der englischen Originalausgabe
© 1992, 1999 bei Craig O'Hara.

Vorliegende Übersetzung basiert auf der von
Craig O'Hara aktualisierten Neuauflage:
The Philosophy Of Punk«, AK Press,
London/Edinburgh/San Francisco 1999.

6. Auflage der Übersetzung 2024
ISBN 978-3-930559-72-5

Lektorat: Martin Büsser, Gunther Weinell
Layout/Satz: Oliver Schmitt
Umschlag unter Verwendung eines Fotos
von Anne Ullrich (Motiv: Guy Picciotto/Fugazi)
Druck: maincontor GmbH

Ventil Verlag
Boppstraße 25, D-55118 Mainz
www.ventil-verlag.de

Für Tony Herman (1970–1994)

Inhalt

Es war in der Anfangsphase des Ox-Fanzine, so um 1990 herum, als ich erstmals mit Craig O'Hara Briefkontakt hatte. Damals lebte er noch in Pennsylvania, dort, wo Amerika am langweiligsten ist, und er schickte mir ein Demo seiner Band **Eightball**. Ein Song hatte es mir besonders angetan, »Angry«, und als ich Craig dann Jahre später in seiner neuen Heimatstadt San Francisco persönlich traf, wusste ich auch warum: Er war und ist ein »angry young man«, einer, der sich an bestehenden Verhältnissen reibt, der kritisiert und meckert und kreative Arbeit leistet – derzeit etwa beim anarchistischen Buchverlag AK Press und bei der Band **Songs For Emma** –, der immer wieder im Schlepptau verschiedener Bands mit einem politischen Büchertisch durch die USA tourt und damit eine ganz persönliche Definition der »Philosophie des Punk« liefert.

Als ich vor Jahren eine erste, nur kopierte Version seines Buches *The Philosophy Of Punk* in den Händen hielt, war ich verblüfft. Warum eigentlich hatte die internationale Punkszene bis dahin die Deutungshoheit in Sachen Punkrock den »Normalen« überlassen, warum war bis dahin nie jemand aus der Szene auf die Idee gekommen, mal außerhalb von Songtexten und Fanzineartikeln zu ergründen und zusammenzufassen, was Punks auf aller Welt verbindet, wo trotz aller szeneinternen Grabenkämpfe die Gemeinsamkeiten liegen. Dabei verspricht der Titel *The Philosophy Of Punk* natürlich schon etwas, was es angesichts einer so wunderbar individualistischen Szene wie dieser gar nicht gibt und geben kann: die *eine* Philosophie des Punk. Punk, das ist eine in höchstem Maße individualistische Lebensart, und so viele Punks (und Punketten) es gibt, so viele Definitionen respektive Philosophien des Punk gibt es auch, wobei eine der besten von den ÄRZTEN stammt: »Punk ist ... mach dein Ding, steh dazu.« Oder jene paar Worte, verschiedenen Songtexten entrissen, die für mich die Essenz des Punk darstellen: »Think for yourself – do your own thing – live your own life – no gods, no masters«.

Dass Craig O'Haras Buch nun nach Jahren endlich in einer deutschen Übersetzung vorliegt, freut mich, auch wenn es mit dem – allerdings vernachlässigbaren – Makel behaftet ist, aus einer US-amerikanischen Perspektive vor allem über die nordamerikanische Punkszene geschrieben worden zu sein. Zudem sind seit der Erstauflage schon wieder einige Jahre vergangen, in denen sich auch in der Punkwelt so einiges verändert hat.

Die zentralen Aussagen des Buches sind dadurch nicht beeinträchtigt, jedoch wäre die eine oder andere Passage von *The Philosophy Of Punk* in Bezug auf die deutsche beziehungsweise europäische Szene anders ausgefallen, etwa was das Verhältnis von Punkrockern und Skinheads anbelangt, was die hierzulande stärkere Verquickung von linker Szene und Punks betrifft (zu diesen Bereichen: Martin Büssers Buch *If the kids are united. Von Punk zu Hardcore und zurück*, Ventil 2000), und natürlich finden die Proteste von Seattle und Genua, an denen gerade auch Leute aus der Punkszene beteiligt waren, hier noch keinen Widerhall (wobei man die Gründe für das Engagement vieler Punks gegen die Globalisierung und ihre Auswirkungen nach der Lektüre dieses Buches sicher genauer nachvollziehen kann).

Zu guter Letzt sei noch auf das 25-jährige Jubiläum von Punkrock hingewiesen, zumindest was die Zeitrechnung ausgehend von den SEX PISTOLS anbelangt: 25 Jahre sind mehr, als sich erschreckte Eltern, verständnislose Lehrer und empörte Politiker angesichts dieser wunderbar destruktiven, kreativen, widersprüchlichen, chaotischen Jugendbewegung wohl je haben träumen lassen, und auch wenn's ein Graffito ist, das vorzugsweise Latrinenwände ziert: Punx not dead! – das Warum und Wieso findet sich hier in diesem Buch.

Joachim Hiller, im Oktober 2001

Joachim Hiller, Jahrgang 1968,
ist Herausgeber des Punkrock-Fanzines Ox
www.ox-fanzine.de

An einem Frühlingstag des Jahres 1998 rief mich Craig O'Hara an und fragte, ob ich Interesse daran hätte, das Vorwort für die Neuauflage von *The Philosophy of Punk* zu schreiben. Ich sagte schnell zu, da ich das für eine ziemlich punkige Sache und irgendwie auch für eine Ehre hielt. Ich war mir nicht sicher, ob ein riesen Haufen mehr Bücher verkauft werden würde, wenn ich das Vorwort schrieb. Schließlich war ich nicht in dieser oder jener bekannten Band gewesen, ich hatte auch nicht für dieses oder jenes Fanzine geschrieben. Aber das Thema des Buches war Punk – darüber wusste ich Bescheid, und das Thema lag mir am Herzen.

Zu diesem Zeitpunkt kannte ich Craig O'Hara schon seit einigen Jahren und sah ihn als einen meiner besten Freunde auf diesem einsamen Planeten an. Craig und ich trafen uns zum ersten Mal in den späten 80ern, als wir beide auf die Boston University gingen. Während dieser »nicht gerade glorreichen Tage« gingen Craig, ich und eine kleine Gruppe von Freunden zu vielen, vielen (vielleicht zu vielen) Punk-Shows an der ganzen Ostküste. In jedem dort existierenden Club, Veteranen-Vereinsheim oder Kirchenkeller haben wir miteinander abgehangen. Damals erlebten wir einige großartige Bands wie die unterschätzten **Bullet Lavolta** oder **Verbal Assault** und einen ganzen Haufen mehr, die totaler Schrott waren. Die Musikszene war eine wilde Mischung aus Punk, Hardcore, Alternative- und College-Rock. Es war auch eine Zeit des wilden Protests, da wir gerade mit der Krise des Golfkriegs konfrontiert wurden. Für uns als Punks war es wichtig, eine ernsthafte Einstellung zu Themen wie diesem zu haben. Wir wollten nicht von den standardisierten ideologischen Diskussionen der Linken und Rechten aufgesogen werden. Für uns war es auch eine Phase des Wachstums, einhergehend mit dem Versuch, Punk aus der rein musikalischen Sphäre mehr ins tägliche gesellschaftliche Leben zu integrieren.

In jenen Tagen unserer Freundschaft nannte Craig sich selbst scherzhaft OPOC (Only Punk On Campus) und war sehr schnell dabei mit Urteilen sowohl über Punker als auch über Nicht-Punker. Da er aus der Szene von Zentral-Pennsylvania kam, hatte er eine sehr eigene Sicht auf die aufgetakelten und manchmal übertrieben auftretenden städtischen und vorstädtischen Punks und College-Rocker, die in Zentren wie Boston strömten.

Craig kam aus einer viel kleineren Szene und aus einer anderen Zeit, in der man sich das Punksein noch erarbeiten musste und in der es nicht etwas

»Cooles« war, das einfach im Vorbeigehen im Laden gekauft werden konnte, wie man heute vielleicht denken könnte. Tatsächlich war das Punksein insofern mühevoll, da es die Anstrengung voraussetzte, selber zumindest irgendeine Art von spärlichen Aktivitäten zu entwickeln und aufrecht zu erhalten. In der frühen Zeit des amerikanischen Hardcore – wie viele Leser dieses Buches sicher wissen werden – hatte man die meiste Zeit einen Saal voller Freaks und Außenseiter vor sich, die sich bemühten, miteinander und mit sich selbst fertig zu werden – teils mit Erfolg, teils nicht.

Craig fiel 1983 kopfüber in die Punkrock-Szene hinein und erlebte viele großartige US-amerikanische sowie tourende europäische Spitzenbands in ihrer Blütezeit. Ob bei **DYS, Black Flag, TSOL, Marginal Man, BGK, Government Issue, 7 Seconds** oder **Articles Of Faith**, Craig war entweder mitten im Publikum zu finden oder bewachte die Tür bei einem Konzert, das er selbst organisiert hatte. Punk ohne Schnickschnack war für Craig – halbnackt, wild und verrückt, wie er war – sowohl der Ausgangspunkt als auch der Weg, auf den er die Musik und die Ideale des Punk bringen wollte. Die Dinge »echt« zu erhalten war Tradition in Pennsylvania – nicht nur bei den Amish.

Ich engagiere mich jetzt seit fast dreizehn Jahren in der Punkrock- und Hardcore-Szene, vor allem in Boston und Washington D.C., und noch länger in der alternativen Musikwelt, wenn man meine frühe Liebe für den New Wave, die ich in der fünften oder sechsten Klasse entdeckt habe, hinzu zählt. Ich hatte Gelegenheit, als Konzert-Promoter zu arbeiten, half, Tourneen zu buchen, arbeitete in einem Kollektiv, habe Hunderte von Bands gesehen und habe zu viele Platten besessen und gehört. Punk war in meinem Leben ein sehr gutes Mittel zur Erziehung und ist ohne Zweifel tief in meinem Wesen verankert.

Ich habe in der Szene eine ganze Reihe von Charakteren kennengelernt: Einige, denen die Musik sehr wichtig war, viele, denen die Mode zu wichtig war, manche, denen Politik wichtig war, ein paar, denen die Gemeinschaft wichtig war und einige, die beharrlich glaubten, dass Punk eine echte und tragfähige Alternative zur beschissenen Gesellschaft ist, in der wir leben. Craig ist einer der wenigen mir bekannten Menschen, die wirklich die besten Aspekte von Punk im täglichen Leben zusammen gebracht und verwirklicht haben.

Die ganze Welt des Punk ist in den letzten zehn Jahren exponentiell gewachsen. Viele sehen das positiv, aber noch mehr halten nicht viel davon. Einige der szeneinternen Veränderungen wären Craig oder mir niemals eingefallen, sind aber heute ziemlich weit verbreitet. Ein Beispiel ist das Aufkommen von Vegetarismus und Veganismus in der Punk-Gemeinschaft. Vegetarier waren mal Hippies, nicht Punks (außer im Fall von **Crass**). Heute ist der Vegetarismus in vielen Zirkeln ein fester Bestandteil des modernen Punk, sei es im Straight Edge, bei Hippycore-Umweltschützern oder in der wachsenden Punkszene der Crusties. Dieses positiv zu bewertende Phänomen existierte in den frühen und mittleren 80er-Jahren nicht, erst recht nicht in den 70ern. Damals folgten viele Punks der bewährten Diät von **JFA** (Jody Foster's Army): »Cola und Snickers«.

Erstaunlich ist auch, wie die Informationen außerhalb der Musik zugenommen haben. Viel mehr Punks informieren sich jetzt über politische Themen und Personen wie den politischen Gefangenen Mumia Abu-Jamal oder über Themen wie Klassenbewusstsein. Verlage wie AK Press können heute bei Konzerten Bücher verkaufen und bringen Punks auch zum Lesen und nicht nur dazu, schnelle und aggressive Musik zu hören. Das heißt nicht, dass die späten 70er und frühen 80er keine starke politische Tendenz hatten. Man muss sich nur Konzerte wie »Rock Against Racism« oder »Rock Against Reagan« vor Augen führen, um zu erkennen, dass Punk dabei war, sich für ein echtes politisches Engagement in Stellung zu bringen. Die Musik ist heute ein Tor zu weiterem Lernen und nicht nur Selbstzweck.

Ich hatte kürzlich die Möglichkeit, ein Semester lang ein Seminar an der Tufts University in Massachusetts über Punk als soziale, politische und kulturelle Bewegung zu unterrichten. Soweit mir bekannt und laut Aussage von Dutzenden von Punks, Akademikern und Gastdozenten, mit denen ich gesprochen habe, war dieses Seminar das erste seiner Art. Ich habe diese Aufgabe nur deshalb angenommen, weil ich anfangen wollte, als Punk und Akademiker zu dokumentieren, wie die Weiterentwicklung der Musik eine lebensfähige soziale und kulturelle Bewegung geschaffen hat.

Dieses Seminar zu organisieren war eine riesige Herausforderung. In einer akademischen Umgebung zu versuchen, etwas zu unterrichten oder zu lernen, ist eine schwierige Angelegenheit. Das Seminar war ein Balance-Akt. Es musste vermieden werden, ein zu idealistisches Bild von Punk zu

Serpico, Berkeley, California, '93

zeichen, es sollte aber auch versucht werden, die Studenten zu neuen gedanklichen Höhenflügen und Ideen zu inspirieren. Das Ziel des Kurses bestand darin, einige immer wieder kolportierte Fehldarstellungen der Medien zu widerlegen und die echte, verborgene Geschichte zu erzählen. Das Seminar war auch für mich eine tolle Lernerfahrung, weil ich daran erinnert wurde, dass Punk immer noch eine lebensfähige Bewegung ist und dass neue Mitglieder täglich mit derselben Hoffnung der Bewegung beitreten, die auch die Leute zu meiner Zeit oder noch früher hatten, als sie in die Szene kamen. Natürlich denkt jeder, dass seine Jahre in der Szene das »goldene Zeitalter« waren, aber das ist eine andere Diskussion für einen anderen Tag.

Das größte Problem beim Versuch, Punk zu erkären, ist, dass er nicht sauber in eine Schublade oder Kategorie passt. Das überrascht natürlich nicht wirklich, da Punk das explizite Ziel hatte, alle Schubladen und Einordnungen zu zerstören. Mit dieser Hürde vor Augen, muss jedes Projekt, das Punk zu definieren oder erklären versucht, mit sehr grobem Strich arbeiten. Punk und Punkrock können eben nicht einfach in eine Schublade gesteckt werden, auf der »weiß, männlich, mit Iro-Frisur, trägt eine von Nieten übersäte Lederjacke, hört extrem laut Musik« steht. Wäre das schon alles, dann hätte ich nicht das geringste Interesse daran. Einer der Hauptgründe, warum ich dieses Seminar gegeben habe, war ja, dass ich die fehlerhafte schematische Darstellung des Punk für diejenigen richtig stellen wollte, die wenig oder keine Ahnung von der Szene hatten. Dazu mussten die von Eltern, dem Fernsehen und den Medien geförderte Stereotype bekämpft werden.

Die **Sex Pistols** mögen für Punk wichtig gewesen sein, aber sind sie es wirklich wert, dass dutzende von lausigen akademischen und poptheoretischen Büchern über sie geschrieben werden? Punk als Musik und als Bewegung endete nicht mit ihnen und tauchte dann dreizehn Jahre später in Seattle wieder auf, wie einige Musikhistoriker der breiten Masse erzählen wollen. Das Seminar wäre allein dann schon sinnvoll gewesen, wenn nur dieser eine grundlegende Irrtum richtig gestellt worden wäre. Aber es drehte sich um so viel mehr als um die Musik, die immer schon dazu neigte, alle anderen brillanten Aspekte von Punk in den Schatten zu stellen. Denjenigen, die in der Szene aktiv bleiben – und mit aktiv meine ich, dass sie mehr tun als Konzerte zu besuchen und Platten zu kaufen –, bedeutet Punk etwas anderes und größeres. Er wird für sie zu einer Gemeinschaft und gibt ihnen die Möglichkeit, Ideen auszutauschen und persönliche Veränderungen sowie Veränderungen in der Welt zu bewirken.

Einer der Texte, die ich benutzt habe, um meinen Studenten die grundlegenden Informationen über das Konzept des Punk zu vermitteln, war *The Philosophy of Punk*. Dieser Text, teils Lehrbuch, teils persönliche Erzählung, bietet sowohl dem Laien als auch dem Pogo-Veteranen einige Informationen darüber, wie sich die Punk-Welt in den fast 30 Jahren ihrer Geschichte (je nachdem, wann man das Geburtsdatum von Punk ansetzt) verändert hat und wie sie gewachsen ist.

The Philosophy of Punk zeigt einen Querschnitt aus Punk und spaltet ihn in gut nachvollziehbare Teilbereiche. Die Themen reichen von Feminismus, schwuler und lesbischer Gleichberechtigung, Umwelt-Engagement, Gewalt und Drogenkultur, Kommunikation und Gemeinschaft bis hin zu Vegetarismus. Dies geschieht, ohne dass dabei die pure Energie und Wut verloren gehen, die Punk zu solch einer vitalen und blühenden Bewegung machen. Natürlich kann kein einzelnes Buch oder Seminar hoffen, all die vielen neuen, innovativen, manchmal aber auch lächerlichen Wege zu beschreiben, die Punk in den Vereinigten Staaten, in Europa und der restlichen Welt eingeschlagen hat. Kaum hat man sich umgedreht, ist schon wieder eine neue Fraktion in der Szene am Start. Würde man hundert Punks in einem Raum versammeln, hätte man hundert Meinungen. Dieses Buch gibt dem Leser eine Straßenkarte an die Hand, um sich in dem Wahnsinn wenigstens ein bisschen orientieren zu können. Danach muss jeder seinen eigenen Weg finden.

Wenn man zurück blickt und sich daran erinnert, wann erstmals die Idee zu diesem Buch auftauchte und wo Punk damals – vor **Nirvana** – stand beziehungsweise wo er jetzt steht, merkt man, wie dringend unsere Szene die Archivierung ihrer Geschichte benötigt – weil sie sich so schnell verändert. Ich glaube, Craig hat mit seinem Buch ein großes Stück Punkgeschichte geschrieben.

Bei all den vielen Platten, Büchern, Filmen, Konzerten und anderen Produkten rund um Punk vergessen wir manchmal, dass unsere Bewegung auf Idealismus aufbaut: Sie lebt vom Glauben daran, dass das Leben wichtig ist, dass man es nicht verschwenden sollte und dass man gegen alle vorgehen sollte, die es zu zerstören versuchen. Es sind diese immateriellen Werte, die alle Punks verbinden, ganz gleich, ob sie sich je getroffen und miteinander gesprochen haben. Es sind diese Glaubenssätze, die in unserer Musik und Kultur zum Ausdruck kommen. Es sind diese Dinge, die uns dazu bringen, uns weiter zu engagieren. Die Zukunft von Punk als Bewegung liegt in unseren Händen. Solltest du also die Musik, die Ideen oder einfach nur die rohe Kraft des Punk lieben, dann schnapp dir einen Stuhl und fang an, dich durch dieses tolle Buch zu fressen. Viel Spaß!

Marc Bayard

Dies ist die vierte Auflage von *The Philosophy of Punk*. Die Erstausgabe von 1992 hatte das Format 5,5 mal 8,5 Zoll (also ungefähr das Papierformat A5) und wurde auf einem lausigen Selbstbedienungs-Kopierer bei Mailboxes Etc. in Yocumtown, Pennsylvania, hergestellt. Ich bohrte, da ich keine andere Möglichkeit hatte, die Exemplare zu binden, mit der Hand jeweils zwei Löcher hinein und steckte Bindungs-Ringe hindurch. Die Exemplare sollten nicht für die Ewigkeit halten und fielen oft schon nach dem ersten Lesen auseinander. Die zweite Auflage war ein bisschen repräsentativer, denn sie enthielt mehrfarbiges Papier und Farbfotografien. Diese Ausgabe fiel zeitlich mit meinem Umzug nach San Francisco zusammen, wo ich drei Jahre bei Kinko's arbeitete. Obwohl sie sich für drei bis sechs Dollar das Stück gut verkaufte, war die Herstellungsmethode erstaunlich zeitaufwendig, und die Kopien bestanden immer noch aus einem gewissen Umfang an unleserlichem Text. Schließlich, nachdem ich riesige Mengen an Post bekommen und außerdem vorhatte, meine Zeit anderen Projekten zu widmen, war ich froh, endlich genug Geld zu haben, um das Buch professionell drucken zu lassen. Ich übergab meinen neuen Freunden bei AK Press in San Francisco den Vertrieb. Die erste Buchausgabe wurde zweimal in einer Auflage von 3.000 Exemplaren gedruckt, diese liegt bei 5.000 Exemplaren. Zusätzlich wurden 1.000 sehr schön gedruckte Exemplare einer litauischen Übersetzung verkauft, die gemischte Reaktionen hervorrief. Am übelsten reagierten die litauischen Behörden, die eine Razzia beim Drucker durchführten, um ihn daran zu hindern, dieses »scheußliche, rebellische und beleidigende Dokument« zu vertreiben. Noch bizarrer fand ich das chinesische Genie, das sich vor ein paar Jahren die Zeit nahm, den Text zu übersetzen und in Hongkong zu veröffentlichen.

Die Reaktionen auf das Buch sind bis heute fantastisch. Allen, die mir geschrieben haben, ein herzliches Dankeschön. Den vielen Leuten, die mir jammernde Beschwerden (ein gute alte Punk-Tradition) geschickt haben, wie zum Beispiel: »Was ist mit dem Internet?«, »Wieso steht da nicht mehr über homosexuelle Punks drin?«, »Was ist mit den guten Skins?«, »Was ist mit den Punks in der Sexindustrie?«, »Was ist mit Punks in Mexiko, Japan oder Deutschland ...?«, muss ich einfach sagen: Schreibt euer eigenes Buch. Veröffentlicht eure eigene Platte. Startet eigene Radio-Shows, Fanzines, Kollektive, Bands, Infoläden, Restaurants, Plattenlabels,

Vertriebe, Clubs und so weiter, und lasst die Welt wissen, was ihr denkt. Und hört auf, euch zu beschweren.

Mein Dank gilt folgenden Leuten: den verrückten O'Haras, Marc Bayard, Donny T. Punk und Tim Yo (RIP), Christopher Nelson, Jason Crandall, Sean Sullivan, der NWC!-Crew, Character Builder, der Tom Brooker Band, Citizen Fish, AVAIL, Bender, den Indigo Girls, Propagandhi, all den großartigen Bands, die hier abgebildet sind, Profane Existence, FF5, dem Ox, Pueblo CO, Holly Prochaska, allen, die die Erstausgabe gekauft haben, Michael Martin, Bernie Phillips, Ramsey, der AK Press und jedem, der etwas Originelles, Positives, Schockierendes oder Großes zu tun versucht.

Die Quellenangaben stehen jeweils im Fließtext in Klammern, und zwar mit folgender Systematik: Autor oder Band; Titel des Artikels, des Buches oder der Platte; Erscheinungsjahr; Seite. Sie werden, wenn sie erneut verwendet werden, auf verständliche Weise abgekürzt. Es ist wichtig, die angegebenen Quellen nicht zu überspringen, da sie oft zusätzliche Information zum Zitat enthalten. Eine Bibliografie findet sich am Ende des Buches.

In einigen Fällen ist weder ein Autor noch eine Seitenzahl angegeben. Viele Fanzines geben einfach keinen Autor an oder haben keine durchnummerierten Seiten. Mir wird wohl niemand böse sein, weil ich mich geweigert habe, die Seiten eines Zines zu zählen, um eine exakte Seitenzahl notieren zu können. Wenn Autoren angegeben sind, haben sie oft Künstlernamen, wie zum Beispiel Jello Biafra oder Kevin Seconds, oder es ist kein Nachname angegeben. Bei Platten ist oft ein Booklet mit Texten oder Informationen beigelegt, von dem ich das Zitat abgeschrieben habe. Die Namen von Bands sind fett gedruckt und Fanzine- und Buchtitel stehen kursiv. Vor Plattentiteln steht entweder »EP« (7-Inch-Single oder 12-Inch-Maxi) oder »LP« (12-Inch-Langspielplatte).

Es werden einige weniger gebräuchliche Begriffe benutzt und im Laufe des Buches erklärt. Punker müssen sich jetzt etwas gedulden, sollten aber daran denken, dass einige ihrer coolen Eltern dies lesen. Ganz schnell: Punks nennen ein Konzert eine »Show«. Sie unterscheidet sich von einem normalen Konzert dadurch, dass die Trennung zwischen Künstler und Publikum überwunden werden soll. Der Begriff »Szene« kommt im Buch häufig vor. Die »Szene« ist die Punk-Gemeinschaft und der Begriff, womit sie sich selbst beschreibt. Es gibt lokale, landesweite und weltweite Szenen. Auch

Untergruppierungen verwenden diesen Begriff als Selbstbezeichnung, etwa die Straight-Edge-Szene. Ich unterteile die Punkszene nicht in so viele Untergruppen, wie manche das tun. Für meine Zwecke reicht eine Unterteilung in Punks, Straight-Edger und Skinheads, wegen der sichtbaren Unterschiede in Kleidungsstil, Verhalten und in der mutmaßlichen Philosophie. Da ich dieses Vorwort gerade in San Francisco im Winter '99 schreibe, könnte ich auch weitere bewusst gegründete Untergruppen wie Riot Grrrls, Nerd-Punks, Gossen-Punks, Emo-Punks und so weiter hinzufügen.

Der Begriff »Hardcore«, wie ich ihn verwende, ist schlicht ein Synonym für die Sorte Punk, die Amerikaner in den frühen Achtzigern erfunden haben. Hardcore-Musik ist normalerweise schneller als der Punkrock in den Siebzigern, aber die Ideen und die beteiligten Leute sind im Grunde dieselben. Es ist wichtig anzumerken, dass ich mich mit den Ideen und nicht mit den vielen spezifischen Musikstilen befassen werde. Das überlasse ich den Musikkritikern.

Soweit ich weiß, ist dieses Buch das einzige seiner Art in englischer Sprache. Viele Bücher beschäftigen sich mit der Bewegung in den späten 70ern. Dabei handelt es sich meist um veraltete und heute ziemlich irrelevante Unterhaltung. Ernsthafte Bücher sind über die frühe kalifornische Szene (*Hardcore California*), über die frühe Szene in Washington D.C. (*Banned in D.C.*) und die späte New Yorker Szene (*The Making of a Scene*) geschrieben worden. Mit Ausnahme des Klassikers *Hardcore California* sind sie jedoch alle nur wegen der darin enthaltenen Fotos von historischem Nutzen. Kein englischsprachiges Buch hat bis jetzt versucht, die Philosophie der sich ständig verändernden internationalen Punkszenen einzufangen. Das Buch *Threat By Example* ist dieser Aufgabe am nächsten gekommen. Es enthält die Einstellungen und Gedanken von 27 einflussreichen Mitgliedern der Bewegung. In diesem wundervollen Buch reden die Autoren über persönliche Erfahrungen und Einflüsse, aber sie behandeln eigentlich nicht viele konkrete Ideen, wie ich es versucht habe.

Zwischen den einzelnen Kapiteln befinden sich Collagen, die aus grafischem und künstlerischem Material bestehen, das aus verschiedenen Fanzines und Plattenhüllen herauskopiert wurde. Ich möchte den Leserinnen und Lesern nahe legen, sich diese Collagen genau anzuschauen, da sie die Themen bebildern, die ich behandle. Diese Bilder erzählen eine Geschichte.

Die Fotos habe ich selbst gemacht, sie tragen jeweils die relevante Bildunterschrift. Ausnahmen bilden das Foto der Indigo Girls, drei oder vier Fotos, die Karoline Collins gemacht hat, und ein paar Fotos von meinem Bruder Jack. Ich sollte noch erwähnen, dass ich seit 1982 in der Punkszene aktiv bin und glaube, dass Punk ein sehr effektiver Weg ist, etwas über Politik und Veränderung zu lernen – und darüber, wie man auf eine für sich selbst positive Art und Weise Individualismus und Nonkonformität ausleben kann. Punk verändert sich ständig. Die Art und Weise, wie Punks Informationen austauschen und die Übereinstimmung bei gewissen Themen sind ebenfalls einem ständigen Wandel unterworfen. Ich will nicht behaupten, dass die hier vorgestellten Ideen die einzig existierenden (oder gar immer meine eigenen) sind. Sie sind aber gegenwärtig die am weitesten verbreiteten Positionen der Punkszene.

Ich möchte zum Schluss noch unterstreichen, dass dieser Text nicht nur für Musikfans geschrieben wurde, sondern für Leserinnen und Leser, die sich für die politische und gesellschaftliche Einstellung von anderen Menschen interessieren. Punks haben in ihrer Philosophie seit den Anfängen der Bewegung sehr starke Fortschritte gemacht und sind gereift. Ich hatte nicht vor, ein historisches Werk zu schreiben, sondern wollte eine wachsende und sich verändernde Philosophie so dokumentieren, wie sie sich mir am 13. April 1992 darstellte und wie sie bis heute weiter wirkt. Diese Darstellung mag in einigen Jahren komplett veraltet sein, aber ich hoffe im eigenen Interesse und im Interesse zehntausender engagierter Punks in Nordamerika und Europa, dass unsere Szene sich nur zum Positiven hin verändern wird.

Craig O'Hara, im Winter 1999

WIESO PUNK
Vergleich mit vorangegangenen künstlerischen Bewegungen. Einige Unterscheidungsmerkmale des Punk.

»In einer mechanisierten und entpersönlichten Welt beschleicht den Menschen ein undefinierbares Gefühl des Verlustes. Ein Gefühl, dass das Leben ... verarmt ist, dass die Menschen irgendwie ›entwurzelt und enterbt‹ sind, dass die Gesellschaft und die menschliche Natur atomisiert und also verstümmelt wurden, vor allem aber, dass die Menschen von all dem getrennt wurden, was ihrer Arbeit und ihrem Leben einen Sinn geben könnte.«

(Charles Taylor, zitiert nach *Man Alone*, herausgegeben von Eric und Mary Josephson, Dell Publishing, New York, 1962, 11)

In der modernen Gesellschaft gibt es gegenwärtig ein Gefühl der Entfremdung, das so stark und weit verbreitet ist, dass es sich mittlerweile zum Allgemeinplatz entwickelt hat und weithin akzeptiert worden ist. Manche verfolgen seine Wurzeln zurück bis zu den Anfängen der industriellen Revolution, als der Arbeitsplatz für Jung und Alt ein zweites Zuhause wurde. Man muss kein Marxist oder Soziologe sein, um die Rolle der Massenproduktion und der maximalen Effizienz bei der Entstehung von Entfremdung zu verstehen. Jeder Monteur, Verkäufer am Telefon oder Lagerarbeiter könnte uns das erzählen. Das Sonderbare daran ist allerdings, dass es der Mensch selbst war, der dieses Gefühl geschaffen, ihm zugestimmt und es als normal akzeptiert hat. Wahrscheinlich können wir uns an der Wende des zweiten Jahrtausends an eine Zeit ohne dieses Gefühl gar nicht mehr erinnern, und wahrscheinlich erben wir jetzt einfach die negativen, Entfremdung hervorrufenden Strukturen. Kaum jemand wird die Aussage bestreiten können, dass »der westliche Mensch (und auch der östliche) mechanisiert, in eine Routine gepresst und als bequemes Objekt eingefriedet worden ist, während er in einem tief greifenden Sinn als subjektiver Erschaffer aus dem Gleichgewicht gebracht und heimatlos geworden ist« (*Man Alone*, 10).

Die Menschen benehmen sich, als hätten sie nichts miteinander gemein. Es scheint, als seien wir alle hierher gebracht worden, um in einer Weise für uns allein zu funktionieren, die andere ausschließt. Viele Philosophen, Soziologen und Theologen haben versucht, die Lächerlichkeit des widersprüchlichen, entfremdeten Lebensstils, den wir gewählt haben, aufzuzeigen. Wenn es den Intellektuellen auch oft gelungen ist, die »großen Zusammenhänge« und »die Dinge, wie sie wirklich sind« zu sehen, so haben sie doch diese Einsichten für sich behalten, in akademischen Publikationen versteckt und auf die höheren Bildungsinstitutionen beschränkt. Das Elitedenken und die Kosten der Elfenbeintürme garantieren, dass es stets nur wenige sein werden, die diese betreten und dabei unter genau der Unterdrückung leiden, die die Professoren so eifrig untersuchen wollen.

Eine gewisse Anzahl an Entfremdeten wird jedoch immer wieder erkennen, was mit ihnen passiert. Diese Erkenntnis kann entweder darauf gründen, dass sie die Mainstream-Gesellschaft aktiv ablehnen oder dass sie aktiv von dieser abgelehnt werden. Solche Gruppen können sich entweder der von ihnen wahrgenommenen Entfremdung von sich aus entziehen oder gegen ihren Willen vom Mainstream ausgeschlossen werden. Schwarze, Homosexuelle, HIV-Positive, die Unterschichten etc. sind alle entweder dadurch zur eigenen gesellschaftlichen Gruppe geworden, dass sie die Hierarchien durchschaut haben, oder sie sind von einer aktiv destruktiven, autoritären Macht dazu gezwungen worden. Es ist wichtig anzumerken, dass die Erkenntnis, eine Außenseitergruppe zu sein, oder die Erkenntnis des eigenen Selbst nicht notwendigerweise einschließt, andere Außenseitergruppen, die unter derselben Behandlung leiden, auch als solche wahrzunehmen. Menschen sind schon oft aufgewacht, haben ihr eigenes Leiden in allen Einzelheiten erkannt und haben trotzdem keine Notiz vom Leiden der anderen genommen.

Dead Boys, Enola, Pennsylvania, '86

Manche Außenseiter-Gruppen haben ein sehr starkes Verlangen, Teil des Mainstream zu sein, andere nicht. Trotzdem »sind alle Außenseiter-Gruppen von einer mehr oder weniger starken gesellschaftlichen Isolation geprägt. Sie existieren in der Gesellschaft, sind aber nicht Teil von ihr. Im Ergebnis neigen sie dazu, mehr oder weniger klar definierte eigene ›Subkulturen‹ zu bilden.« (*Man Alone*, 35) Die Mitglieder dieser Subkulturen sind oft sich selbst gegenüber viel weniger entfremdet und zeigen, dass ihnen daran gelegen ist, zu einer selbstbestimmten Existenz zurückzufinden. Mitglieder einer Subkultur, egal wie unterdrückt sie sein mögen, schaffen es oft, untereinander in Solidarität und mit gegenseitigem Einverständnis zu leben; etwas, das der Mainstream-Gesellschaft fehlt. Die Mitglieder haben anscheinend ein Verständnis von sich und anderen wiedererlangt, das zuvor verloren, vergessen oder gestohlen worden war. Dieses Phänomen existiert bei Solidargemeinschaften, die auf gemeinsamen Erfahrungen, Überzeugungen, oder auf gleichem Geschlecht beziehungsweise gleicher Abstammung basieren. Eine Subkultur kann es auch schaffen, »ihre Mitglieder mit einem Sinn für ein höheres Streben zu erfüllen« (*Man Alone*, 51). Dieses höhere Streben muss nicht immer positiv sein, wie im Fall des Ku Klux

Klans (KKK) und anderen auf Hass gründenden Subkulturen festgestellt werden kann, aber es ist eine wichtige Komponente aller Bewegungen, die auf Veränderung des Status quo abzielen.

Die Subkultur des Rock'n'Roll ist immer Veränderungen unterworfen und schwer zu definieren gewesen. Es erscheint idealisierend und unglaubwürdig, dass Rockmusik – die einige Jahre vor Elvis Presley begann und heute in vielen verschiedenen Formen weiterlebt – jemals einen über Unterhaltung hinausgehenden, höheren Zweck verfolgt haben soll.

Rebellische Jugendliche werden seit fünf Jahrzehnten von den sich verändernden Formen der Rockmusik angezogen, aber insgesamt betrachtet ist diese Musik lediglich ein weiterer Teil der stetig wachsenden Unterhaltungsindustrie. Im frühen Rock'n'Roll war nur sehr vage von den Rassenschranken und Ungleichheiten der Fünfziger die Rede, und erst in den späten Sechzigern wurden dezidiert politische Inhalte durch Rockmusik transportiert. Damals zeigte Rock seine Kraft, und die Subkultur entwickelte sich zu einer Gegenkultur.

Ein Blick zurück zu den Radikalen der 60er-Jahre (und damit meine ich nicht die Hippies, denen es reichte, sich Blumen anzustecken und in San Francisco um Kleingeld zu betteln) offenbart deren Leidenschaft für Rockmusik und zeigt, dass Rock'n'Roll ein integraler Bestandteil ihrer politischen Einstellung war. Angefangen bei den Black Panthers, die sich in Oakland/Kalifornien in Bob Dylan verliebten, bis zum White Panther John Sinclair und seinen **MC5**-Brüdern, die in Michigan zur bewaffneten Revolution aufriefen, verstanden und liebten diese Leute die Kraft der Rockmusik im Sinne einer Musik der breiten Massen. Noch vor Ausverkauf und Tod lenkten 60er-Radikale wie Jerry Rubin und Abbie Hoffman, zusammen mit unzähligen anderen, Rock'n'Roll in Bahnen, die zu einer riesigen Anti-Regierungs-Bewegung aus jungen, unzufriedenen Freaks führten.

So viel Gutes diese Musik auch leistete, indem sie die Freiheit pries und die gesellschaftliche Heuchelei verachtete, war ihr doch leider dasselbe Schicksal wie allen vorangegangenen und folgenden Formen des populären Rock bestimmt: »kommerzielle Verwässerung, kreative Erschöpfung, Eingemeindung und Übernahme durch Mainstream-Kräfte« (Mark Andersen, *Washington Peace Letter*, Nov. 1991, 1). Rockmusik wurde »entweder warenförmiger Mainstream, der von riesigen Konzernen vermarktet und präsentiert wurde, oder ritualisierter, flacher Hedonismus« (Andersen, 1).

Eine Ausnahme zur leicht durchschaubaren Mainstream-Politik und -Praxis des Rock'n'Roll bildet eine Bewegung namens Punkrock, oder einfach Punk. Über Geburtstag und -ort der Punkbewegung lässt sich streiten. Entweder kommt diese Ehre der New Yorker Szene der späten 60er- beziehungsweise frühen 70er-Jahre oder den britischen Punks von 1975/76 zu. Für unsere Zwecke brauchen beide nicht eingehender untersucht werden, da erst in den späten 70ern spezifische politische Ideen auftauchten und eine echte Formierung der Bewegung stattfand. Allgemein geht man davon aus, dass die New Yorker Punks den musikalischen Stil erfunden haben, während die Briten die politische Einstellung und das bunte Aussehen populär machten. Ein kurzer Blick auf die Hintergründe der englischen Szene wird die Umstände zeigen, in die hinein der moderne Punk geboren wurde. Tricia Henry hat ein sehr gutes Buch über die Anfänge der Punkbewegung in New York geschrieben und den darauf folgenden Aufstieg in England dokumentiert. Obwohl das Buch gut ist, ignoriert

Pete the Roadie, Washington D.C., '95

Citizen Fish,
New York
City, '91

es alles, was seit 1980 passiert ist – dem Zeitpunkt, an dem ihrer Meinung nach Punk gestorben ist. Es sind bereits einige solcher Bücher geschrieben worden (die alle stark auf die bekannteste aller Punkbands, die **Sex Pistols**, fixiert sind), und fast allen mangelt es an fundiertem Insiderwissen, da sie von Autoren geschrieben wurden, die nicht Teil der Bewegung, sondern außenstehende Beobachter waren. Tricia Henry bearbeitet das Thema jedoch solide und gründlich:

»Für die vielen Leute, die Sozialhilfe bezogen – ›on the dole‹, wie man in Großbritannien sagt –, und vor allem für junge Leute, schienen die Chancen schlecht, ihr Schicksal zu verbessern. In dieser Atmosphäre, in der die Engländer unter den Einfluss des zukunftsweisenden Punkrock der New Yorker Szene gerieten, nahmen Ironie, Pessimismus und amateurhafter Stil der Musik offen soziale und politische Züge an. Der britische Punk wurde so selbstbewusst proletarisch, wie er auch ästhetisch war.« (Tricia Henry. *Break All Rules!*, University Microfilms, Ann Arbor, Michigan, 1989, 8)

Es ist wahr, dass Arbeitslosigkeit und miese gesellschaftliche Bedingungen wütende Gefühle der Entfremdung und der Frustration produzieren, und natürlich können diese Gefühle auf unterschiedliche Weise ausgedrückt werden. Verbrechen sind in jüngster Zeit zur verbreitetsten Reaktion geworden, aber an jenem Ort und zu jener Zeit begannen die Ganoven zusätzlich zu ihren kleinen frustrierten Verbrechen Gitarre zu spielen: »Die offensichtliche Verbindung zwischen dem Phänomen Punk und der wirtschaftlichen und gesellschaftlichen Ungleichheit in Großbritannien zu ignorieren hieße, die Gültigkeit der ideengeschichtlichen Basis der Bewegung zu leugnen. Punk in Großbritannien war letztlich eine Bewegung von unterprivilegierten, weißen Jugendlichen der Arbeiterklasse. Vielen von ihnen ging ihre soziale Situation sehr nahe, und sie benutzten das Medium des Punk, um ihre Unzufriedenheit auszudrücken.« (Henry, 67)

Mit diesem Zitat soll eine Wissensgrundlage geschaffen werden, um zu zeigen, wo Punks herkommen und wieso sie bestimmte Ideen hochhalten. Es wäre allerdings gelogen, würde man behaupten, dass die ersten Punks weit entwickelte gesellschaftliche und politische Theorien vertraten. Es mag stimmen, dass sie gegen sämtliche allgemein verbreiteten »Ismen« waren, aber sie neigten eher dazu, öffentlich herumzuspucken und zu fluchen, als ihre Gefühle der Mainstream-Öffentlichkeit zu erklären. »Das waren Punks und keine gesellschaftlich orientierten Aktivisten, und ihre Botschaft war trostlos. Die Musik der **Sex Pistols** war ein Ausbruch des Hasses und der Verzweiflung: ›Schaut euch das Leben doch an, wie es ist,‹ riefen sie – ›frustrierend, bedeutungslos und hässlich. Schreit es mit uns heraus ... Es gibt keine Zukunft!‹« (Henry, 66)

Diese Punks wollten ihre Wut auf raue und originelle Weise ausdrücken. Am allermeisten hassten sie willige Konformisten. Viele Punkbands sind mit ihrer Einstellung oder in ihren Botschaften für Nonkonformismus eingetreten. Jede Art von Konformität wurde abgelehnt, mit dem Ziel, entweder die Wahrheit herauszufinden, oder manchmal nur, um Leute zu schocken. Doch was ist an Konformität so falsch? Der bekannte Soziologe Elliot Aronson definiert Konformität als »eine Veränderung des Verhaltens oder der Meinung einer Person als Ergebnis realen oder imaginären Drucks durch eine Person oder eine Gruppe« (Elliot Aronson, *The Social Animal*, Freeman and Company, San Francisco, 1972, 16). Der reale oder imaginäre Druck, den Punks ablehnen, ist nicht der physische Druck oder das Interesse daran, akzeptiert zu werden, sondern die Art Konformität, »die aus der Beobachtung von anderen, mit dem Ziel, Informationen über *ordnungsgemäßes* Verhalten zu erhalten, resultiert ...« (Aronson, 25).

Punks stellen Konformität nicht nur durch ihr abweichendes Äußeres infrage und dadurch, dass ihre Musik anders klingt (was von fraglicher

Bedeutung ist), sondern dadurch, dass sie die herrschenden Denkmuster hinterfragen. Konformisten stellen keine – für andere selbstverständlichen – unbequemen Fragen zu Themen wie Arbeit, Rasse, Geschlecht und der eigenen Existenz, denn ihre Gedanken werden stets von ihrem Umfeld bestimmt. Nonkonformisten dagegen verlassen sich bei der Gestaltung der eigenen Realität nicht auf andere.

Konformität infrage zu stellen, bedeutet auch, Autorität infrage zu stellen. Punks haben keinen allzu großen Respekt vor Autoritäten jeglicher Art, wie im Kapitel über Anarchie noch gezeigt werden wird. Allgemein wird mit Zwang ausgeübte Autorität als Urheberin großen Übels angesehen: Von den deutschen Nazis über die Opfer von Stanley Milgrams Schockexperimenten bis hin zur heutigen Polizei ist nachgewiesen worden, dass unreflektierte Autoritätshörigkeit in der massenhaften Akzeptanz von verbrecherischen Handlungen resultiert.

Dadurch, dass Punks als antiautoritäre Nonkonformisten auftreten, werden sie in aller Regel nicht besonders gut von denjenigen behandelt, deren konformistische Erwartungen sie zurückweisen. Unsere Gesellschaft, gut geübt in Doppelmoral und der Benennung von Sündenböcken, benutzt ihre Sprache, um denen ein negatives Image zu geben, die nonkonformistische Wege gehen. »Für ›Individualist‹ oder ›Nonkonformist‹ können wir ›Abweichler‹ und für ›Konformist‹ können wir ›Team-Player‹ substitu-

AWOL,
Harrisburg,
Pennsylvania,
'85

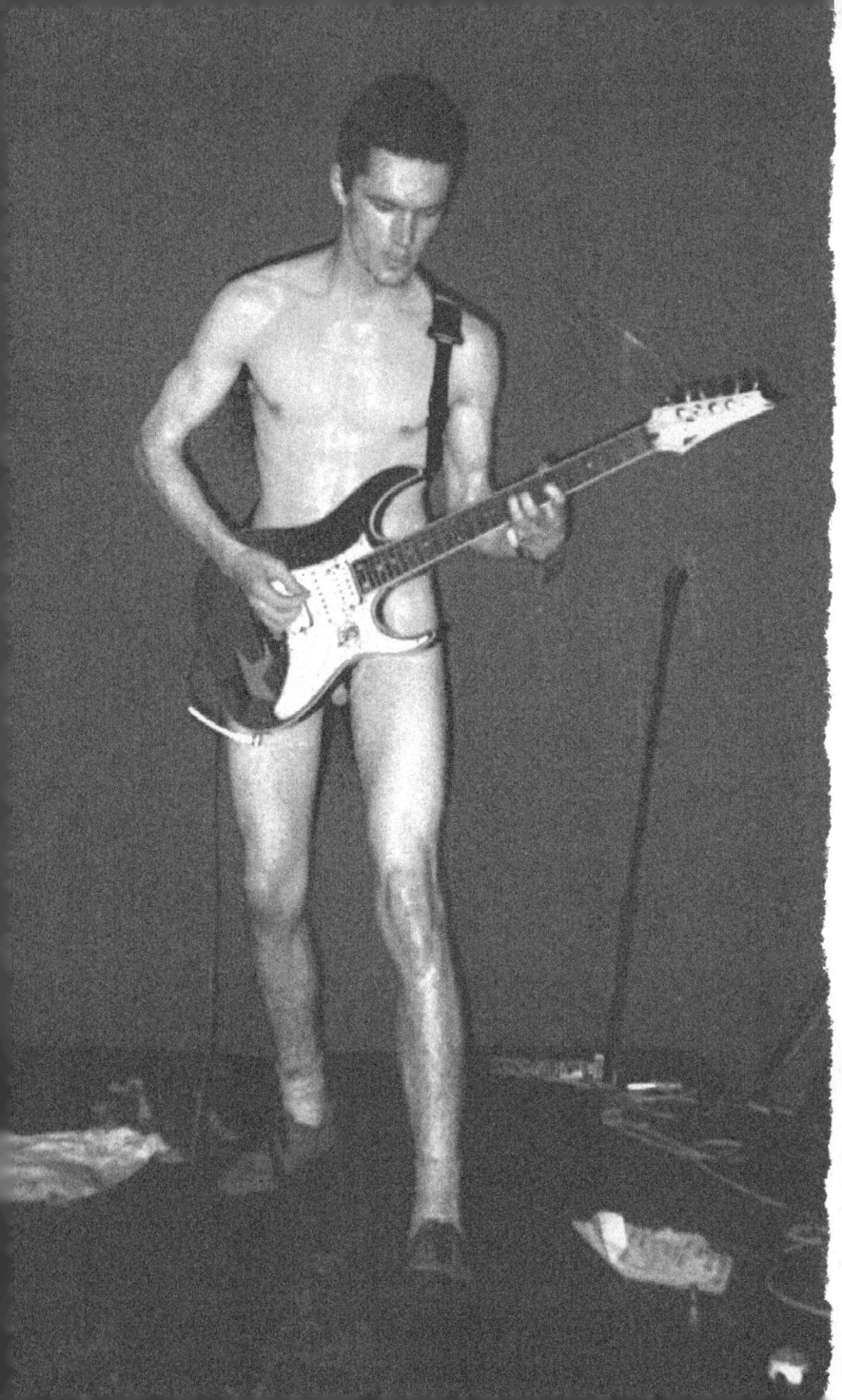

ieren.« (Aronson, 14) Das ist genau das, was die moderne Gesellschaft tut. Ihr negatives Bild von der Punkbewegung wird im Kapitel über die Fehldarstellung des Punk in den Medien besprochen.

Es ist oft zu beobachten, dass Nonkonformisten, manchmal lange nach ihren nonkonformistischen Taten, von Historikern gelobt oder in Filmen oder Literatur vergöttert werden. Zu ihrer eigenen Zeit dagegen werden sie vom Establishment, gegen das sie sich stellen, als Störenfriede, Abweichler oder Krawallmacher abgestempelt. Kulturindustrielle Musik- und Modemagazine, die Punk während der letzten zwanzig Jahre verbannt oder lächerlich gemacht haben, bejubeln nun viele Bands als »bahnbrechend« oder als schöpferische Talente. Die Manager der Musik-Konzerne, die einst von Punk angewidert waren, nehmen nun wahllos junge Bands unter Vertrag und versuchen mit den schneidenden, nonkonformistischen Klängen das schnelle Geld zu machen.

Während Massenakzeptanz für manche verlockend und sogar lukrativ sein mag, fasst das folgende Zitat von Dick Lucas von der englischen Band **Citizen Fish** (Ex-**Subhumans**) die Gefühle zusammen, die viele Punks der Gesellschaft und der Mainstream-Kultur entgegenbringen:

»Ich habe mich nie an die Idee gewöhnen können, ›Teil der Gesellschaft‹ zu sein und meine Taten von den vorherrschenden Denkmustern der Konformität, Zustimmung und Leistung bestimmen zu lassen. Die Massenmentalität der westlichen Kultur, geprägt von der rigorosen Gehirnwäsche durch Schule und Medien, dreht sich um die Aufrechterhaltung der Vergangenheit. Dieses Vorgehen dient dem Versuch, sich die Zukunft zu sichern, wobei wiederum die Gegenwart als etwas erlitten wird, das außerhalb der eigenen Kontrolle liegt. Die Gegenwart soll deshalb ›sicher‹ in den Händen der Regierung liegen, die diese Gegenwart als Produkt des technologischen, materiellen und industriellen Fortschritts an die Massen verfüttert.« (Dick Lucas, *Threat By Example*, herausgegeben von Martin Sprouse, Pressure Drop Press, San Francisco, 1989, 13)

Dick ist nicht der einzige, der so denkt. Hunderttausende von Punk-Fans denken genauso. Mit dieser Grundeinstellung im Hinterkopf, möchte ich im Folgenden zeigen, was Punk ist und wie er von den Medien dargestellt wird. Zusätzlich werde ich einige Merkmale vorstellen, die der Punk-Philosophie zugrunde liegen.

»Der berühmte sowjetische Psychologe Pavel Semenov hat einmal bemerkt, dass der Mensch seinen Wissensdurst auf zweierlei Art stillt: (1) Er beobachtet seine Umwelt und versucht das Unbekannte auf eine vernünftige und sinnvolle Art einzuordnen (das ist Wissenschaft); und (2) er reorganisiert die bekannte Umwelt, um etwas Neues zu kreieren (das ist Kunst).«

(Aronson, 269)

Nach dieser Definition ist Punk eine Kunstform. Punk ist aber viel mehr, da er bestimmte Theorien und politische Gedanken mit einschließt. Bei dem Versuch zu verstehen, was Punk ist, sind Vergleiche mit vorangegangenen künstlerischen Bewegungen hilfreich. Frühe Punks benutzten (vielleicht absolut unbewusst) viele revolutionäre Taktiken, die von früheren avantgardistischen, künstlerischen Bewegungen eingesetzt wurden: ungewöhnliches Aussehen, das Verwischen der Grenze zwischen Kunst und Alltag, die Gegenüberstellung von angeblich grundverschiedenen Dingen und Verhaltensweisen, die absichtliche Provokation der Zuschauer, der Einsatz von nicht ausgebildeten Akteuren, die drastische Reorganisation (oder Desorganisation) von anerkannten Auftrittsstilen und -prozeduren.

Der am häufigsten gezogene Vergleich zwischen Punk und einer etablierten Kunstbewegung ist der mit Dada. »Dada, im Allgemeinen zwischen 1916 und 1922 angesiedelt, erlangte in Frankreich [sic] kurz nach dem Ersten Weltkrieg traurige Berühmtheit dafür, alle vorher existierenden sozialen und ästhetischen Werte abgelehnt zu haben.« (Henry, 3) Es gibt mindestens drei mir bekannte Studien, in denen Punk als moderne Version von Dada dargestellt wird. Der Vergleich ist stichhaltig, obgleich ich glaube, dass den meisten Punks die dadaistische Kunst eher zuwider wäre. Beide sind zwar subversiv, aber Punk ist glücklicherweise weniger absurd und abstrakt, wenn es um Subversivität geht.

Eine Bewegung, zu der der frühe Punk größere Ähnlichkeit aufweist, ist die Futuristische Bewegung. Der Futurismus wurde 1909 von Filippo Marinetti mit seinem »Fundament und Manifest des Futurismus« begründet, welches er in der mit hoher Auflage erscheinenden Pariser Tageszeitung *Le Figaro* publizierte. »Wie andere Bewegungen der historischen Avantgarde war der Futurismus eine interdisziplinäre Bewegung, die visuelle Kunst, Literatur

C. O. C. ,
Baltimore,
Maryland,
'87

und Performance beinhaltete. Er hatte sich der Ablehnung der traditionellen Kunstformen, dem nicht-naturalistischem Ausdruck sowie der Einbeziehung des Publikums verschrieben.« (Henry, 2) Diese Integration des Publikums ist ein wichtiges Bindeglied zwischen Kunst- und Punkbewegung, weil beide versuchen, die bestehende Barriere, die die Beziehung zwischen Künstler und Zuschauer prägt, zu durchbrechen.

»Als Teil der provokativen Punk-Taktik haben sich Akteure auf der Bühne übergeben, das Publikum angespuckt und aus Selbstverstümmelung resultierende Wunden zur Schau gestellt – nachdem sie sich mit kaputten Flaschen, Angelhaken und Messern geschnitten und sich Prellungen zugefügt hatten. Die Rolle des Publikums beinhaltete oft, ›fest‹ installierte Sitze, Bierflaschen, Gläser und alles mögliche andere, das zufällig verfügbar war, nach den Auftretenden zu werfen.« (Henry, 4)

Diese Art der Interaktion wurde in den frühen Jahren des Punk aktiv betrieben, inzwischen wird aber eine sehr große Trennung von Zuschauern und Künstlern immer deutlicher sichtbar. Dadurch, dass das Publikum stetig größer wird, orientieren sich Konzerte stärker an Unterhaltungsmaßstäben als an Interaktion. Kleine Konzerthallen lassen der Interaktion immer noch Freiräume, aber größere Auftrittsorte spiegeln einfach die Bedingungen eines typischen Rock'n'Roll-Konzertes wider. Außerdem sind die spezifischen Elemente von Punk-Auftritten, wie sie oben beschrieben wurden, extrem abgemildert worden. Wenn sie doch vorkommen, werden sie in aller Regel als Akte unoriginellen Schockwerts oder einfach als Sehnsucht nach der »guten alten Zeit« wahrgenommen, als es noch kein anderes Ziel gab, als Wut auszudrücken.

Die spätere Punkbewegung wurde auch von der Kleidung der Futuristen beeinflusst. Die Futuristen wollten ihre Antikunst-Botschaft auf die Straße bringen, indem sie schrille Kleidung, Ohrringe und Make-up trugen. Dies wurde später von den modeorientierten Punks der Londoner Kings Road imitiert. Man muss jedoch als wichtigen Unterschied festhalten, dass Punk sich über die »Schocktaktik« der bunten Haare und Hundehalsbänder hinaus weiter entwickelt hat und jetzt eine ziemlich geschlossene Philosophie besitzt, die wenig bis nichts mit einem bestimmten Kleidungsstil zu tun hat. Obwohl es damals wirkungsvoll war und auch heute noch Spaß macht, Leute durch sein Aussehen zu schockieren, ist es doch inzwischen wichtiger, mit Ideen zu schockieren.

Dieser knappe Vergleich des Punk mit avantgardistischen Kunstbewegungen (längere sind, wie gesagt, bereits erschienen) zeigt, dass Punk weder in seinem Ausdruck und seinen Methoden noch in seiner Rebellion einzigartig war. Was nun noch fehlt, ist eine genaue und aktuelle Betrachtung dessen, wie die Punkszene aussieht und was sie in der heutigen Welt mitzuteilen hat.

Ab jetzt werde ich fast ausschließlich Quellen aus der Punkszene benützen. Es sind Tausende von Fanzines (Zeitschriften, die von Punks für und über Punks gemacht werden) publiziert worden, die die Meinung der AutorInnen darüber zu Papier bringen, was Punk ist, welche Ansichten er vertritt, welches die beste Musik ist und aus welchem Grund oder mit welcher Absicht die Autorin oder der Autor kommuniziert. Mithilfe dieser Quellen werde ich versuchen, ein genaues Bild der Philosophie des modernen Punk zu zeichnen.

»Zu Beginn möchte ich euch sagen, was Punk nicht ist – er ist keine Mode, keine bestimmte Art sich anzuziehen, keine vorübergehende Phase vorhersehbarer Rebellion gegen die Eltern, nicht der neueste ›coole‹ Trend und auch nicht eine bestimmte Lebensform oder ein Lebensstil. In Wirklichkeit ist Punk eine Idee, die dir den Weg durchs Leben zeigt und dich motiviert. Die bestehende Punk-Gemeinschaft existiert, um diese Idee durch Musik, Kunst, Fanzines und andere Ausdrucksformen persönlicher Kreativität zu unterstützen und zu realisieren. Und was beinhaltet diese Idee? Denke selbstständig, sei du selbst, nimm nicht einfach das, was die Gesellschaft dir anbietet, schaffe deine eigenen Regeln, lebe dein eigenes Leben.«

(Mark Andersen, Flugblatt *Positive Force*, 1985)

Es hat in der Punkszene immer schon viele Zuschauer, aber auch Mitglieder gegeben, die in ihr keinen tieferen Sinn erkennen konnten. Junge Menschen durchlaufen im Zuge ihrer Pubertät eine rebellische Phase, die sich gegen Eltern, Schule und Autorität richtet. Auch Punk ist fälschlicherweise einfach als Phase abgestempelt worden, in der die rebellische Person zu beweisen versucht, dass sie anders ist als ihre Eltern. Es stimmt zwar, dass die traditionellen Kleidungs- und Musikstile des Punkrock die Mainstream-Öffentlichkeit oft schockieren und Anstoß erregen, aber es wäre falsch,

Ignition, Harrisburg, Pennsylvania, '88

Punk als eine Bewegung zu sehen, die auf bloßem Aussehen gründet. Rücksichtslose und vorübergehende Rebellion kann Spaß machen, aber sie ist weder sehr effektiv, noch nützt sie etwas. Punks haben sich längst so weit entwickelt, dass sie die Substanz dem Stil vorziehen – eine Tatsache, die in den Medien-Darstellungen stets ignoriert oder verdreht wird. Dass eine Person anders aussieht als der Mainstream, reicht nicht. Eine wichtige Betonung liegt auch darauf, bewusst zu sich selbst zu finden.

Sobald sich Leute den Punk-Look zulegen, weil sie einzigartig oder anders als der Rest der Gesellschaft sein wollen, weichen sie von der Norm ab. Das ist aber erst einmal ein relativ bedeutungsloser Schritt. Jemand, der versucht, zu sich selbst zu finden und individuell zu sein, »muss ehrlich und oft schmerzhaft in sich hinein schauen und schwierige Fragen stellen, zum Beispiel: Wer bin ich? Was will ich im Leben erreichen? Was sollte ich wollen? Was sollte ich tun? Am Ende wird dieser Vorgang mit Sicherheit dazu führen, sich an viele der gesellschaftlichen Regeln und Erwartungen nicht anzupassen ...« (Andersen, Flugblatt). Es muss betont werden, dass die Antworten auf diese Fragen weitere Fragen aufwerfen, etwa die, *wieso* man etwas will oder *was genau* die Hintergründe der eigenen Wünsche sind. Dieser Prozess macht Menschen für die eigene Person und Identität überhaupt erst empfänglich. So wird man zum Individuum. Durch das Bewußtsein der eigenen Nonkonformität gewinnt man die weitere Erkenntnis, dass diese Gesellschaft den Individuen keine Heimat bietet. »Stattdessen ist sie darauf ausgerichtet, Menschen in die Form einer artifiziellen Norm zu zwingen – mit dem Ergebnis einer institutionalisierten Entmenschlichung.« (Andersen, Flugblatt)

Rebellion ist eine der wenigen unstrittigen Eigenschaften von Punk. Sie ist unterschwellig in Sinn, Musik und Texten des Punk enthalten. Auch wenn jemand nicht lange genug dabei bleibt, um wichtige persönliche Erkenntnisse zu erlangen, wird doch »jeder, der sich mit Punk einlässt, normalerweise von irgendeiner Form der Rebellion motiviert, sei es gegen Eltern, Autoritäten oder gegen das ganze System« (Steve Beaumont, Leserbrief in *Maximum Rock N Roll* Nr. 53, Oktober 1987). Junge Leute »erreichen ein Alter, in dem irgendwas in ihnen ›klick‹ macht, und sie fühlen, dass sie bestimmte Dinge selbst machen wollen. Jugendliche haben dann die Nase voll von den Bedingungen um sie herum – seien es gesellschaftliche, musikalische oder

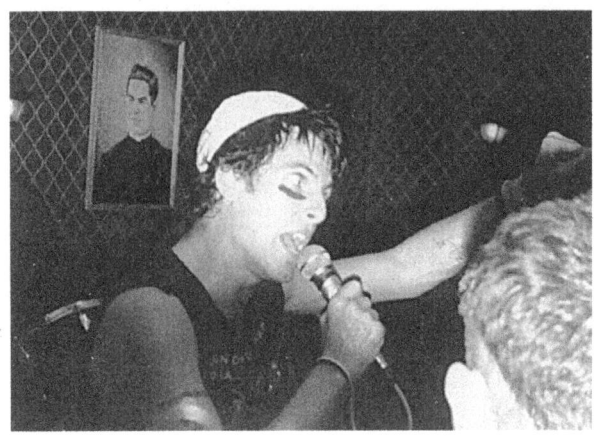

7 Seconds,
Camp Hill,
Pennsylvania,
'84

welche auch immer.« (Al Flipside, »What's Changed in Ten Years«, *Flipside*
Nr. 48, Februar 1986) Für alle, die sich mit der Bewegung identifizieren
(das müssen nicht unbedingt junge Leute sein), entpuppt sich diese anfäng-
liche Rebellion als eine Kraft, die Bildung und persönliche Veränderung
ermöglicht.

Das wichtigste (und vielleicht radikalste) Ziel für Punks ist, selbst Verantwortung zu übernehmen. Diese gilt zuerst einmal nur für sie selbst und
dafür, das eigene Leben zu ordnen und zu meistern. Danach werden andere
mit einbezogen. Doch worin genau besteht diese Verantwortung? »Den
eigenen Kopf anzustrengen, Leuten mit Respekt zu begegnen, kein Urteil
aufgrund von Äußerlichkeiten zu fällen, andere im Kampf um das Recht,
›sie selbst‹ zu sein, zu unterstützen, ja sogar mitzuhelfen, eine positive Veränderung in der Welt zu bewirken.« (Mark Andersen)

Nicht alle Punks sind sich darüber einig, wie andere unterstützt und wie
Veränderungen außerhalb der eigenen Kreise herbeigeführt werden können,
aber sie alle sind sich über die Notwendigkeit der Veränderung einig.
Da Punk inzwischen mehrheitlich aus Menschen besteht, die der weißen
Mittelschicht entstammen und nicht mehr der weißen Unterschicht (oder
anderen benachteiligten Gruppen), ist es heute ein wichtiger Schritt, die
eigene privilegierte Stellung in der Gesellschaft abzulehnen. »Wir sind die
Erben der weißen Vorherrschaft und der patriarchalen und kapitalistischen

Weltordnung. Für uns ist durch unsere Eltern, Erziehung, Kultur und Geschichte eine Vorrangstellung als Beschützer des Kapitals der herrschenden Klasse und Aufseher über die Unterschichten reserviert worden. Trotzdem haben wir die moralische Klugheit, diese Vorrangstellung zurückzuweisen. Als Punks verschmähen wir unsere durch Abstammung und Herkunft ererbte Stellung, weil wir wissen, dass das Schwachsinn ist.« (Joel, Kolumnist des Anarchopunk-Fanzines *Profane Existence*, Nr. 13, Februar 1992) Als Söhne und Töchter Amerikas in diese Welt geboren, haben sich Punks dazu entschlossen, zu Waisen einer verkommenen Gesellschaft zu werden.

Was also ist Punk? Die folgenden drei Definitionen sollten Erwähnung finden, da sie alle relevant und richtig sind:

Punk ist eine Jugendmode: »Ich werde euch sagen, was Punk ist – ein Haufen Jugendlicher mit komischen Frisuren, die pseudo-politischen Schwachsinn reden und liberale Philosophien absondern, von denen sie wenig bis nichts verstehen.« (Russell Ward, Leserbrief in *MRR* Nr. 103, Dezember 1991)

Punk ist eine Rebellion aus dem Bauch heraus und verändert die Dinge: »Hardcore: eine wasserstoffblonde, trotzige Sechzehnjährige, die allein in einem Hotel im Bahnhofsviertel wohnt; heruntergekommen, aber auf sich selbst gestellt. Hardcore: der Sozialhilfeempfänger, der eigentlich von der Regierung bezahlt wird, damit er keinen Ärger macht, und der von seiner monatlichen Stütze einen Proberaum mietet. Hardcore: der Lakai der Konzerne, der seinen Job kündigt, um eine Band von pickeligen Jugendlichen zu managen.« (Peter Belsito und Bob Davis, *Hardcore California*, Last Gasp Publishing, San Francisco, 1984, 7)

Punk ist eine beeindruckende oppositionelle Stimme: »Wir haben unsere eigene Musik geschaffen, unseren eigenen Lebensstil, unsere eigene Gemeinschaft und Kultur ... Wir sind dabei, eine Bewegung aufzubauen, die auf Liebe basiert, und wir tun Dinge in der Hoffnung, dass eines Tages endgültig Frieden einkehren wird. Es mag sein, dass wir bei diesen Anstrengungen ins Stolpern geraten, aber wir werden uns darum bemühen, weiter zu machen. Wir können jeden Tag die Freiheit erschaffen. Es kommt auf uns alle an, sie geschehen zu lassen.« (*Profane Existence* Nr. 4, Juni 1990)

Während die dritte Definition das Ideal der beiden anderen bildet, wird für gewöhnlich nur erstere in den Medien verbreitet. Wie ich zeigen werde, ist dies das am wenigsten zutreffende, aber beliebteste Bild von Punk.

WB-7

WB-5

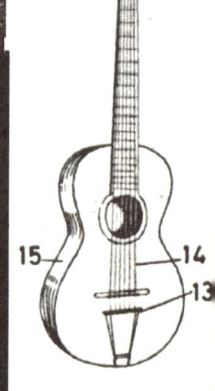

⑫

15 14

13

WB-9

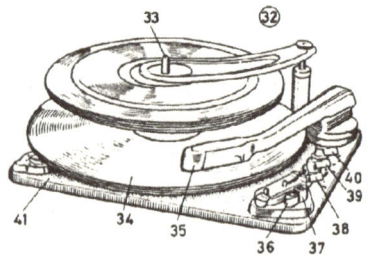

33 ㉜

41 34 35 36 37 38 39 40

WB-6

50 51 52

49 48

53

47

54

㉥ 72

BTS-I
SPIKE BOOTSTRAP

㉝

74

SBT SID VICIOUS BELT

FEHLDARSTELLUNGEN IN DEN MEDIEN

Wie das Fernsehen, Hochglanzmagazine und stumpfe Massenmedien ihr Bestes gegeben haben, das wilde Tier zu zähmen.

»Für die meisten Leute sind wir alle mit Drogen vollgepumpte, auf die Zerstörung jeglicher Zivilisation versessene Revolutionäre. Ist es da erstaunlich, dass eine Show nach der anderen abgebrochen wird? Ist es da erstaunlich, wenn Punks geschlagen, in Streifenwagen gestopft und ins Gefängnis verfrachtet werden? Die Unrechtsliste ist so lang wie die Geschichte der miesen Presse, die Punkrock bekommen hat.«

(Anonymer Leserbrief, *MRR* Nr. 53, Oktober 1987)

Egal worum es bei Punk ging oder noch geht – er genießt offensichtlich einen schlechten Ruf. Fernsehen, Filme, Comics und Werbung haben das Bild von Punk in der Mainstream-Öffentlichkeit verfälscht. Punk ist als selbstzerstörerische, gewaltorientierte Modelaune dargestellt worden. In den Mittachtzigern waren Punks oft Thema in Talkshows wie *Donahue*. Zusätzlich wurden für Sitcoms wie *Alice* oder *Silver Spoons* Episoden gedreht, die immer, wenn einer der Charaktere sich eine Folge lang »in einen Punk verwandelte«, die Aufmerksamkeit auf die zwangsläufig daraus resultierende Peinlichkeit und Scham richteten. Natürlich kam die Figur stets wieder zu Verstand und wurde rechtzeitig vor dem Ende der Epsiode »normal«.
Bei Talkshows trat oft ein Mitglied der auf Gehirnwäsche zielenden Mainstream-Gruppen auf, etwa als »Eltern von Punkern« (*Parents of Punkers*)

oder »Alles wieder unter Kontrolle« (*Back in Control*), um die zuschauenden Eltern davon zu überzeugen, dass ihre Kinder mit genügend Geld und Psychotherapie vom »Punk-Wahnsinn« geheilt werden könnten. Mütter erzählten Horrorgeschichten über ihre verrückten Kinder, während ein in schwarzes Leder gehülltes und geschminktes Publikum schrie und spuckte. Was für ein Schock für die Fernseh-Öffentlichkeit!

Diverse Folgen der Fernsehserien *Chips, Quincy, Square Pegs, 21 Jump Street* und Filme wie *Class of 1984* oder *Repo Man* präsentierten Punk als »direkte Ursache von Sadomasochismus, Selbstmord, Mord, Vergewaltigung und anderen Formen von Gewalt« (Larry Zbach, MRR Nr. 22, Februar 1985). In diesem Buch werden jedoch die nicht in Hollywood produzierten Ansichten und Einstellungen von Punks untersucht, und diese haben eindeutig nichts mit den in Shows und Filmen präsentierten unsäglichen Stereotypen gemein. Aber für ignorante Mainstream-Zuschauer war und ist es immer noch einfacher, »an die sensationsheischenden Bilder der Massenmedien von Punks als gewalttätigen, nihilistischen Drogenabhängigen [zu glauben], deren einziges Lebensziel es ist, seltsame Kleidung zu tragen und sich verstörende neue Haartrachten auszudenken – aber nur, wenn sie nicht gerade damit beschäftigt sind, grauhaarige alte Damen zu terrorisieren oder um Geld zu betteln!« (Mark Andersen, Flugblatt, 1985)

Es hat, so muss der Ehrlichkeit halber gesagt werden, viele von Punks ausgehende, begründete Gewaltakte – meist szeneinterner Art – sowie Drogenmissbrauch und ein bisschen Kleinkriminalität gegeben. Aber statt das Klischee der Medien zu stützen, behaupte ich, dass es gerade die Verzerrungen der Medien waren, die die meisten Probleme hervorgerufen haben.

»Die andauernden Verzerrungen, Übertreibungen und Klischees in den Medien haben einen Typus ›Punk‹ erschaffen, der nichts mit den Konzepten, den politischen und sozialen Überzeugungen sowie der Vielfalt der Punkbewegung gemeinsam hat. Diese Sorte ›Punk‹ wird sich der Punkbewegung in wachsender Zahl anschließen. In dem Moment, in dem solche Leute sich der Bewegung anschließen, wird der von den Medien vorgegebene Rahmen plötzlich zur Realität. Die moralischen Instanzen haben dann nachweislich Recht behalten, und die entsprechenden Aktionen, die die Kontrollgesellschaft für notwendig hält, um mit dem Problem fertig zu werden, werden legitimiert. Das Potenzial, die Punkbewegung zu zerstören oder zu kompromittieren, ist dann sehr groß.« (Larry Zbach, *MRR*)

Das negative Image in den Medien hat die Punkszene zwar nicht zerstört, aber einen schädlichen Einfluss hinterlassen. In weiten Teilen Nordamerikas und Teilen Englands zog die Gleichsetzung von Punks mit Gewalttätern Leute an, die die Szene wirklich mit Gewalt überschwemmten. Damals »wurden der instinktive Individualismus und die antiautoritäre Einstellung der Punks unter dem Gewicht einer Welle von kurzhaarigen Sportlertypen begraben, von einem Haufen Kleinkrimineller und Psychopathen ganz zu schweigen« (Jeff Bale, *Threat By Example*, 63). Das war vor allem in New York City und Los Angeles offenkundig, wo rivalisierende Skinhead- und Latino-Gangs dadurch, dass die Fernsehbilder ihnen Gewalttätigkeiten versprachen, von den Shows angelockt wurden.

Andere »Quincy-Punks« – benannt nach den modischen, geistig beschränkten, gewalttätigen Charakteren aus der gleichnamigen Fernsehserie – wurden zunehmend gegenüber jenen gewalttätig, die nicht »punkig genug« aussahen. In den Jahren 1984 bis 1987 durchlitt Punk eine Zeit der von den Medien geschaffenen Gewalt und Dummheit, die Punk zu einer Parodie seiner selbst zu machen drohte. Während die Punkszene noch immer mit den Folgen zu kämpfen hat, hat sie solche Auswüchse inzwischen von sich gewiesen und betrachtet sie als Ausnahme und nicht als Regel.

Konservative und Mainstream-Medien haben Punk als eine gewalttätige und lästige Bewegung von Straftätern verkauft, doch liberale Quellen waren nicht viel besser. Politisch linke Gruppierungen und Zeitschriften verurteilten Punk schnell als eine vorübergehende Mode ohne große Bedeutung. Die liberale Presse »versuchte das wilde Tier zu zähmen, die politischen und kulturellen Schreie nach Veränderung zu ignorieren und den großen Amöbentanz zu tanzen: nämlich jedes wütende Blubbern des Gärprozesses zu absorbieren und ihn zu einer schönen, sicheren, konsumierbaren Laune zu transformieren, die auf nichts als Haartrachten, Mode und dem Wiederaufleben bestimmter Musikstile gründet« (Jonathan Formula, *Hardcore California*, 6).

Die Bostoner Soziologen Jack Levin und Philip Lamy (damals an der Northeastern beziehungsweise Brandeis University) schrieben 1984 einen Essay, in dem sie Punkrock analysierten. Die Autoren wiesen dabei das weit verbreitete Stereotyp von der im Punk allgegenwärtigen Gewalt zurück, gingen jedoch nicht so weit, der Bewegung irgendeine Kraft zuzugestehen. »Levin sagte, er sei sich sicher, dass Punks – genau wie andere Generationen zuvor – die vorübergehende modische Laune abstreifen und als Erwachsene anständige Bürger werden würden.« (United Press International, Zeitungsausschnitt ohne Quellenangabe, abgedruckt in *MRR* Nr. 19, November 1984) Es gibt eine ganze Menge inzwischen erwachsener Leute, die diese Bemerkung widerlegen könnten. Sie sehen vielleicht nicht aus wie die Punks aus dem Klischee, aber dafür tragen sie die Ideen in sich, die Punk zu einer untersuchenswerten Bewegung machen.

Punk als einen vorübergehenden modischen Trend oder eine Laune abzutun, hatte einen ähnlichen Effekt wie die vorherige Charakterisierung des Punk als gewalttätig und negativ. Neue Punks ohne gewalttätige Neigungen wurden von der Bewegung angezogen, hatten allerdings wenig übrig für die Hintergründe der Bewegung. »Während immer mehr Menschen ihr Aussehen nach Punk-Manier stylten, haben sie doch immer weniger Vorstellung von dessen Inhalt. Die kritische Botschaft des Punk hat verschiedene Angriffsziele, darunter Klassenherrschaft, Sexismus, Rassismus und Autoritätshörigkeit ... Wenn ›Punks‹ Form oder Stil übernehmen, ohne die kritische Botschaft der Bewegung zu beachten, dann werden die Vorstellungen zu Rassismus, Sexismus, Klassenherrschaft und autoritärem Verhalten nicht mehr hinterfragt. Die Saat der Selbstzerstörung der Punkbewegung ist gesät.« (Larry Zbach, *MRR*)

Es ist wahr, dass viele Punks gewalttätige, modeorientierte, apathische Teenager sind. Aber nicht alle Punks sind so, und die Fehldarstellungen der Medien haben der Bewegung dadurch geschadet, dass sie ihren Ignoranz-Faktor erhöht haben. Denjenigen Punks jedoch, die sich vom medialen Bild weder positiv noch negativ beeinflussen lassen, wird ein Platz geboten, an dem sie ihre eigene Kultur schaffen und sich auf das konzentrieren können, was ihnen wichtig ist. Diese Menschen »sind wertvoller für die menschliche Gemeinschaft als die ›normalen‹ Angehörigen ihrer Generation, weil sie intelligenter, neugieriger, mutiger, trotziger, kritischer, aktiver, ehrgeiziger und entschlossener sind als der Rest der Bevölkerung. Dieser Rest der Bevölkerung, so scheint es, verfolgt die neueste Perversion des American Dream mit derselben zombiemäßigen Inbrunst wie Ron Cobbs berühmte

Cartoon-Figur, die durch ein Post-Holocaust-Geröll stolpert, einen kaputten Fernseher unterm Arm, den Stecker in der ausgestreckten Hand, auf der neurotischen Suche nach einer funktionierenden Steckdose.« (Jonathan Formula, *Hardcore California*, 6)

Der vielleicht größte Schaden, den die Medien der amerikanischen Punkrockszene zugefügt haben, ist die Verknüpfung von Punks und Skinheads. Obwohl dies ein recht verständlicher Fehler ist – Punks und Skinheads haben beide oft kurz geschorene Haare und gehen auf ähnliche Konzerte –, hat der Anstieg von Gewalt und Rassismus durch Skinheads der Punkszene großen Schaden zugefügt. Dieses Problem war in Großbritannien nicht so ausgeprägt, weil Skinheads dort schon Jahre vor der Entstehung des Punk ihre eigene Kultur hatten und diese weitgehend getrennt von Punk auch heute noch pflegen.

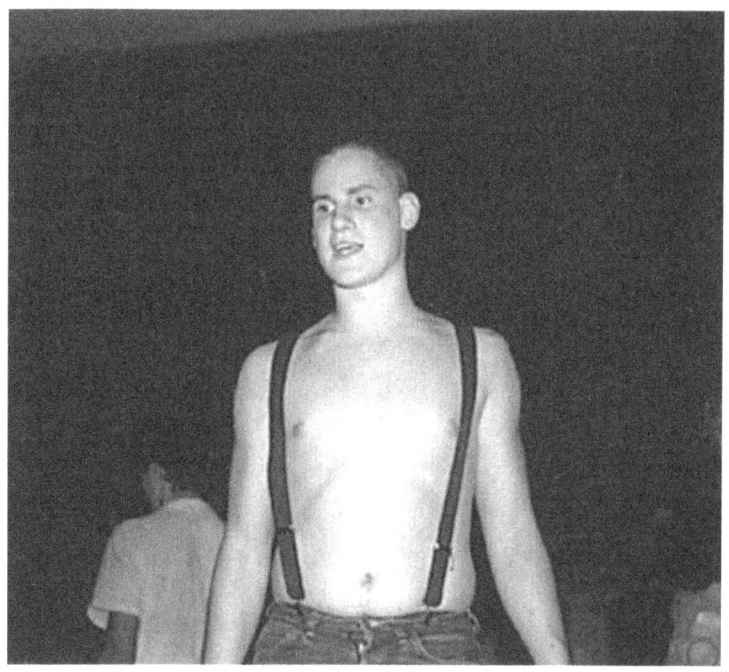

SKINHEADS UND RASSISMUS
Wer sie sind, wo sie herkommen und was sie überhaupt mit Punk zu tun haben.

»Wo liegt der Unterschied zwischen Punks und Skins? Wir gehören alle derselben Szene an, hören alle die gleiche Musik. Es geht doch vor allem darum, auf die Regierung und die Leute, die einen klein halten, einzuschlagen.«

(Carl, ein Skinhead aus San Francisco, *MRR* Nr. 18, Oktober 1984)

Während der frühen 80er-Jahre war der Unterschied zwischen amerikanischen Punks und Skinheads (oder Skins) relativ gering. Skinheads waren auf jeden Fall konformistischer, gewalttätiger und politisch apathischer als Punks, aber sie waren keineswegs die rassistischen Unterstützer von »White Power«, als die sie oft beschrieben wurden. Skinheads taten wenig, um die wachsende Punkszene zu unterstützen, außer dass sie auf Konzerte von Punkbands gingen (und diese oft genug störten). Aber weil sie denselben Musikgeschmack und oft dieselbe Frisur (rasierte Köpfe) hatten, fiel es den Medien und ignoranten Zuschauern leicht, sie in einen Topf zu werfen. Das hat sich wegen der zunehmend radikalen politischen Einstellung von Punks und dem gleichermaßen wachsenden Rassismus und der Ignoranz der Skinheads als großer Fehler erwiesen. Zwischen der Mitte und dem Ende der Achtziger zeigte sich, dass die Skinheads geradezu Feinde einer konstruktiven Punkszene waren. Es gab andauernd Gewalt bei Konzerten, und die Skinheads unterhielten Verbindungen zu rassistischen Organisationen. Ich will hier kurz berichten, was Skin-sein bedeutet, welche Ansichten über Rassismus und Patriotismus sie üblicherweise haben und inwiefern diese Einstellungen im Gegensatz zu den politischen Gedanken und der Philosophie des Punk stehen.

Über die spezifischen Wurzeln der Skinhead-Bewegung besteht eigentlich ziemliche Übereinstimmung. Aufgrund der kürzlich gestiegenen Popularität des Skinhead-Kults unter Jugendlichen sind viele Bücher über seine Geschichte geschrieben worden. STP (Skinhead Times Publishing) in Schottland hat eine große Bandbreite an Titeln, sowohl Prosaliteratur als auch Sachbücher, im Programm, die für Skinheads, aber auch für Punks von Interesse sind. Ich kann sie sehr empfehlen. Eine gut dokumentierte Geschichte, komplett mit Presseausschnitten, Fotos und einem persönlichen Text, bietet *Spirit of '69 – A Skinhead Bible* von George Marshall.

»Die Bewegung hatte ihre Ursprünge in der schwarzen jamaikanischen Musik – der Musik, die als Reggae, Soul und Ska auftrat –, wurde nach England exportiert und dort von Leuten aus der weißen Arbeiterklasse übernommen. Sie war immer multi-ethnisch und im politischen Gedankengut der Arbeiterklasse verankert, das sehr stark gegen Rassismus gerichtet ist.« (Kieran von der Anti-Racist Action (ARA), *MRR* Nr. 78, November 1989) Die ersten Skins im England der frühen Sechziger waren nicht gegen Schwarze, aber sie waren auch nicht frei von rassistischen Stereotypen. Es gab »Mitte der Sechziger einen Zustrom pakistanischer Einwanderer nach England, die als billige Arbeitskräfte herhalten mussten. Fabrikbesitzer fanden es viel einfacher, die unwissenden Immigranten auszubeuten« (Ken Cousino, *MRR* Nr. 42, November 1986). Viele Skinheads und ihre Eltern wurden arbeitslos. Eine Mischung aus Langeweile, Armut und Frustration stachelte die Skins dazu an, ihre Wut gegen die neu eingewanderten Arbeiter zu richten. »Die Skins verübten Überfälle, verletzten und töteten manchmal Pakistanis, deren einziges ›Verbrechen‹ es war, zur falschen Zeit am falschen Ort zu sein.« (Cousino) Es ist auch heute noch ein in Europa und den Vereinigten Staaten weit verbreitetes Phänomen, Einwanderer zum Sündenbock zu machen und so die Wut abzureagieren.

Als Punk mit einem großen Knall in England aufkam, tauschten die Skinheads ihre jamaikanische Ska-Musik gegen Punkrock ein und betraten eine neue Bühne. Die Wut und Aggression der frühen Punks machte deren Konzerte für Skins attraktiv, die die Konzerte jedoch schließlich mit der

Philadelphia, Pennsylvania, '88

ihnen eigenen Art von patriotischer, besoffener Gewalt ruinierten. Skins gründeten eigene Bands und sangen davon, dass sie ihre Stelle wegen eines Ausländers verloren hätten und wie stolz sie sich als Angehörige der englischen Arbeiterklasse fühlten. Während diese Bands musikalisch noch weniger konnten als selbst die frühesten Punkbands, wurden sie doch schnell in der Arbeiterklasse und bei Organisationen, die wussten, dass sie sie für ihre Zwecke einspannen konnten, beliebt. Faschistische Organisationen wie die National Front finanzierten Skinhead-Bands, damit diese neue Mitglieder warben, die dann als »Fußtruppen« Leute belästigen und Gewalttaten begehen sollten. In den Jahren 1978/79 hatten die englischen Skinheads bereits »eine eigene Uniform, eigene Musik und eine neue Philosophie, die auf Fußball, Kneipen, Rassismus und Faschismus basierte« (Cousino).

Viele dieser Skinhead-Bands verloren irgendwann das Interesse an Punk und spielten wieder Ska, die ursprüngliche Skinhead-Musik. Deshalb sind die englischen Skins viel weniger in der Punkszene präsent und konzentrieren sich stärker auf ihre eigene Musik und Mode. Die Skinheads in England sind keine besondere Bedrohung für Punks (und anscheinend auch weniger als früher für Pakistanis). Sie bilden eine Subkultur, die aus jungen Leuten besteht, welche die Vergangenheit ihrer langlebigen Bewegung idealisieren (die 60er-Jahre).

Genau wie die amerikanischen Punks die Ideen und Stile der englischen Punks kopierten, orientierten sich auch die amerikanischen Skinheads an den englischen Vorbildern der späten 70er. Der amerikanische Skinhead gleicht jedoch nur in Teilen dem englischen Gegenstück. Amerikanische Skinheads übernahmen die Kleidung und den blinden Patriotismus von den englischen, aber sie bevorzugten die neuere und schnellere amerikanische Hardcore-Musik. Amerikanische Skinheadgruppen bestanden hauptsächlich aus weißen Mittelschicht-Jugendlichen, die eher selten arbeitslos waren und wenig Grund hatten, rassistisch zu sein. Im Grunde waren sie rebellische Kids, die gerne soffen und sich prügelten. Beides war bei den Punk-Shows der frühen 80er möglich. Erst zwischen 1985 und 1987 legten amerikanische Skinheads dieselben hässlichen Einstellungen und Verhaltensweisen wie ihre englischen Vorgänger an den Tag.

Die Medien spielten eine große Rolle dabei, die Skinhead-Bewegung für Rassisten und reaktionäre weiße Provinzler – so genannte Rednecks – attraktiv zu machen und so einen recht harmlosen und dummen Trend in ein echtes Problem zu verwandeln. Skinheads, die – ähnlich wie die britische National Front – eine »weiße Vorherrschaft« propagierten, traten häufig in Talkshows auf, rissen das Maul auf und brachten viele Jugendliche dazu, sich ihnen anzuschließen. Skinheads wurden wegen ihres Images von Machotum und Straßenschick sehr populär. Obwohl sich die Situation gegenüber England sehr stark unterschied, waren jugendliche Skinheads – ohne die Realität in Betracht zu ziehen – davon überzeugt, dass Amerikaner mit afrikanischer, asiatischer oder hispanischer Abstammung (ähnlich wie die Pakistanis in England) ihnen »ihre« Jobs wegnähmen.

Selbst Skins, die nicht Bewunderer einer an Hitler orientierten Politik wurden oder sich Tätowierungen der Neonazi-Bewegung »White Power« machen ließen, wurden reaktionärer, gewalttätiger und zugleich zahlreicher als zuvor. Zu dieser zweiten Gruppe gehörten auch einige schwarze, asiatische und hispanische Skinheads, die genauso dumm und brutal waren wie die Nazi-Skins, aber praktischerweise eine antirassistische Haltung einnahmen.

Während der Trend sich überall in den USA verstärkte – er war allerdings in manchen Regionen rassistischer und brutaler als in anderen, vor allem in San Diego, Portland, Boston und Florida –, schlüpften Schul-Rabauken in die traditionelle Kluft der Skinheads (Doc-Martens-Stiefel, Bomberjacke, Hosenträger) und wurden zu einer Bedrohung. Von Hass motivierte Verbrechen und die Misshandlung von Obdachlosen waren bei Skinheads weit verbreitet. Während die Skins diesen Beschäftigungen nachgingen, hielten sie insofern weiter Kontakt zur Punkszene, indem sie deren Auftritte durch Prügeleien und Vandalismus ruinierten. Das konnte den Punks angekreidet werden, die oft zu schwach waren, sich zu verteidigen, und es einer kleinen Anzahl von Schlägern erlaubten, eine große Menge einzuschüchtern.

Diese Vorgänge führten zu der weit verbreiteten Überzeugung, dass die viel beschworene »Einheit« von Punks und Skins lächerlich oder zumindest nicht wünschenswert sei. Die meisten Skinheads sind rechts gerichtete, schwulenfeindliche weiße Männer aus der bürgerlichen Mittelschicht.

Es gibt sicher Ausnahmen. Wenige Ausnahmen gibt es aber beim blinden Patriotismus der Skinheads gegenüber ihrem jeweiligen Land. Ein Bestandteil der amerikanischen Skinhead-Kluft ist die US- oder Südstaaten-Flagge auf der Schulter der Bomberjacke. Bei den Protesten, die den Golfkrieg begleiteten, sah man Skinheads oft zusammen mit ihren dumpfen Gleichgesinnten, wie sie Protestierende zu Prügeleien herausforderten und sie mit rassistischen und sexistischen Beleidigungen überschütteten. In Anbetracht dieser großen patriotischen

Den Golfkrieg befürwortender Entenjäger, '91

Leidenschaft wundert man sich, dass nicht mehr von ihnen bereit waren, sich beim Militär zu verpflichten. Punks dagegen lehnen Patriotismus als unnötig und gefährlich ab. Das hat schon oft zu Problemen zwischen Punks und Skins geführt.

Zwischen beiden Gruppen hat es auch schon viele Auseinandersetzungen wegen des Verbrennens von Fahnen, aber auch bei Konzerten und Veranstaltungen mit politisch aktiven Punkbands und deren Anhängern gegeben. Ich selbst war bei einigen Vorfällen dabei, bei denen Skins der Bewegung »Skinheads gegen rassistische Vorurteile«, kurz SHARP (Skinheads Against Racial Prejudice), im Rahmen einer gegen den Ku Klux Klan gerichteten Demonstration einen Mitprotestierer angriffen und schlugen, weil er eine US-Flagge verbrannte. Auch Schwarze und Frauen waren unter den Mitgliedern dieser Skin-Gruppe. Ungefähr fünfzig Skins verhinderten am 4. Juli 1989, dem Nationalfeiertag, eine von linken Gruppen und Punks im New Yorker Washington Square Park geplante Fahnen-Verbrennung. »Die Skinheads skandierten: ›Verbrennt eine Fahne, und wir verbrennen eine Schwuchtel‹. Sie nannten Abbie Hoffman ein ›Arschloch‹ und riefen: ›Dies ist Amerika – liebt es oder verlasst es‹.« (*MRR* Nr. 76, September 1989) Mindestens ein Punk wurde von Skinheads brutal zusammengeschlagen.

Später am Tag marschierten Skinheads zum Tompkins Square Park, wo sich eine Gruppe von Punks, die die Konfrontation mit ihnen suchte, versammelt hatte. Die Polizei schritt ein, bevor es zum Kampf kam. Es hatte sie jedoch nicht besonders interessiert, als am frühen Nachmittag Skins ein von Punks betriebenes anarchistisches Zentrum zertrümmert, die Schaufensterscheiben zerstört und einen Mann krankenhausreif geschlagen hatten.

New York City besaß zwischen 1984 und 1988 die größte – oder zumindest die auffälligste und einflussreichste – Skinhead-Szene in den Vereinigten Staaten. Die Bands aus New York City bestanden meist aus unoriginellen, glatzköpfigen, Gewalt verherrlichenden Skins mit reaktionären politischen Ansichten. Ihnen fehlten die melodischen Mitgröhl-Hymnen, die ihre britischen Pendants hatten. Sie ersetzten diese durch unmelodisches Geknüppel. Sie waren keine Nazis, teilten aber ganz sicher nicht die radikale politische Einstellung der Punks. Die bekannteste amerikanische Skinhead-Band ist **Agnostic Front** aus New York City. Seit 1982 sind viele andere Skinhead-Bands von ihren Texten und ihrer Musik beeinflusst worden. Wie bei anderen Bands aus New York bestehen ihre Texte zum größten Teil aus Machismo und dem Stolz auf sich selbst, auf die Heimatstadt und aufs Vaterland. Zum Thema Schwule heißt es: »Ich schlage keine Schwulen zusammen. Aber sie sollen auf der West Side bleiben. Wenn ich sehe, wie ein Typ sich in den Schritt fasst und sich die Lippen leckt, hau ich ihn um. Ich habe Freunde, die schwul sind. Aber ich will nicht wissen, was sie tun.« (**Agnostic Front**, *Flipside* Nr. 45, 1985) Eine Einstellung, die Schwulenfeindlichkeit und Machogehabe unterstützt, wurde Grundbestandteil der Skinhead-Ideologie und verbreitete sich auch in der aufkommenden Straight-Edge-Szene von New York, die mit den Skinheads gemeinsame Lieblingsbands und -clubs teilte.

Agnostic Front und andere Skinhead-Bands wandten sich wiederholt gegen Kommunisten, Anarchisten und andere, die sie als »liberale Gruppen« bezeichneten. Diese Gruppen »verpassen so schnell eine Gehirnwäsche. Sie verpassen den Kids eine Gehirnwäsche, damit sie an diesen Weltfrieden glauben, der nie existieren wird ... Sie sagen dir, du sollst die Dritte Welt unterstützen, Alter, genau so ein Zeug.« (**Agnostic Front**, *Flipside* Nr. 45) Andere Skinheads haben diese ignorante rechte Sichtweise durch eine an Punks gerichtete Kritik nachgeäfft: »Könnt ihr Punker nicht sehen, dass ihr in der freiesten Nation der Welt lebt? Wen interessiert ein Krieg, der 2000 Meilen weit weg ist? Er findet nicht in Amerika statt. Und was Nuklearwaffen angeht: Es ist besser, als freier Mann zu sterben, als hundert Jahre als Sklave der Russen zu leben ... Ich bin rechts und hasse Liberale, Kommunisten und Schwule (weil sie pervers sind), und sie sollten alle vernichtet werden ... Aber am meisten hasse ich Punks, weil sie für den Kommunismus und Homosexualität stehen und total dumme Leute sind.« (Carmelo Nieves, *MRR* Nr. 18, Oktober 1984) An den vorangegangenen Zitaten ist wohl unschwer zu erkennen, wer die »dummen Leute« sind.

Es gibt auch schwule, kommunistische, liberale und nicht-gewalttätige Skinheads. Im Wesentlichen übernehmen diese Leute gar keine Skinhead-Prinzipien außer dem Kleidungsstil, was ja inzwischen zum großen Modetrend in den Vereinigten Staaten geworden ist. Man kann in der Tat nicht durch Schwulenviertel laufen, ohne dutzende uniformierter »Skinheads« zu sehen. Von denen spreche ich in diesem Kapitel nicht. Diese Leute können bis zum Umfallen darüber debattieren, dass über »gute Skins« herge-

Bender U.K. , Ft. Lauderdale, Florida, '95   Swingin Utters, Pueblo, Colorado, '95

zogen wird. Ich kann mich trotzdem nur darüber wundern, dass sie sich im Amerika der 90er-Jahre selbst als Skinheads bezeichnen.

Nicht alle Skinheads sind Nazis oder Rassisten. Tatsächlich kommt die größte Opposition gegen rassistische Skinheads von anderen Skinheads. Diese nicht-rassistischen Skins tragen dieselbe Kluft wie die anderen, haben aber eine etwas andere Vorstellung davon, was es heißt, ein Skinhead zu sein. Sie akzeptieren nicht-weiße Skins, sind jedoch oft genauso patriotisch und gewalttätig wie ihre Spiegelbilder. Gruppen wie SHARP oder Anti-Racist Action (ARA) und andere lokale Skinhead-Gruppen haben sich mit dem Ziel gegründet, das rassistische Skinhead-Stereotyp loszuwerden. Wie aber stoppen sie rassistische Skinheads? »Nach unserer Erfahrung gehört die physische Konfrontation zu der Taktik, die in Minneapolis funktioniert hat. Das bedeutet, sich mit ihnen zu prügeln und sie zu Klump zu treten.« (Kieran von der ARA, *MRR* Nr. 78) Eine ähnliche Gruppe in Großbritannien, die Anti-Fascist Action, glaubt an den Kampf gegen Nazis »in der einzigen Sprache, die sie verstehen – mit Stiefeln, Fäusten, Eisenstangen und was auch immer nötig ist, um diesen Clowns zu zeigen, dass wir's ernst meinen und dass wir Angriffe auf Leute wegen ihres Äußeren, ihrer sexuellen Vorlieben, ihres Geschlechts oder ihrer politischen Ansichten nicht tolerieren werden.« (Frank Hughs, *MRR* Nr. 103, Dezember 1991)

Antirassistische Skinhead-Gruppen sind wegen zwei wesentlicher Punkte kritisiert worden. Erstens wegen ihrer Festlegung auf Gewalt, die von vielen als Ausrede angesehen wird, die Muskeln spielen zu lassen, ohne dafür verurteilt zu werden. Immer wenn jemand ihre Taktik in Frage stellt, kommt die typische Antwort: »Ich glaube, dass die nicht-gewalttätige Herangehensweise irgendwie unrealistisch ist. Ich glaube nicht, dass sie funktioniert. Wir können uns pazifistische Bewegungen ja aus historischer Perspektive betrachten, dann sehen wir, was wirklich funktioniert.« (Jonna von ARA, *PE* Nr. 13) Eine pazifistische Haltung gegenüber rechten Skins wird nicht nur als unpraktisch, sondern auch als potenziell rassistisch verstanden. »Ich glaube, dass man viele weiße Liberale, die von Pazifismus reden, als ziemlich rassistisch, klassendiskriminierend oder sexistisch bezeichnen kann, wegen der Machtpositionen, in denen sich Weiße der bürgerlichen Mittelklasse befinden.« (Jonna, *PE* Nr. 13) Gegenüber Leuten, die eine gewalttätige Taktik ablehnen, heißt es: »Ich finde, das ist wirklich für den Arsch, und ich glaube, dass dahinter eine rassistische Einstellung steht.« (Kieran) Es sollte erwähnt werden, dass Kieran zur Zeit in Minneapolis wegen tätlichen Angriffs vor Gericht steht, weil er angeblich einen Rassisten bei einer Demonstration angegriffen haben soll. Wer seine Ansichten kennt, kann sich gut vorstellen, dass er wirklich jemanden angegriffen hat oder doch zumindest zur Zielscheibe für eine Klage von feigen Rassisten hat werden konnte. Ich hoffe natürlich, dass die Anklage fallen gelassen wird und dass Kieran seinen beherzten Kampf gegen Rassismus – mit etwas mehr Vorsicht, wenn die Bullen in der Nähe sind – fortsetzen kann.

Der zweite Kritikpunkt gegenüber Antirassisten betrifft deren Ansichten über Redefreiheit. »Die Sprache der Faschisten predigt Völkermord und Hass, das hat nichts mit Freiheit zu tun, das hat nichts mit Befreiung zu tun. Es geht darum, Menschen zu töten, es geht um Unterwerfung und Herrschaft und darum, eine Hierarchie aufrecht zu erhalten. Die Art von Redefreiheit, die ich unterstütze, will jeden Einzelnen ermächtigen und allen Freiheit zugestehen; ich glaube jedoch nicht, dass echte Freiheit für alle geschaffen werden kann, indem man Faschisten reden lässt. Ich denke, es sollte verboten werden, dass Faschisten zu Radiosendungen etc. eingeladen werden, weil das kein Fundament für eine echte Befreiung sein kann.« (Jonna)

Es stimmt sicher, dass faschistisches Gerede kein Fundament für Befreiung bietet. Das Problem ist aber, dass physische Gewalt gegen Leute mit abweichender Meinung, egal wie schädlich oder lächerlich sie sein mag, immer eine Form der Zensur darstellt, die sich in einer freien Gesellschaft potenziell nachteilig bemerkbar machen kann. Gute Vorsätze, gepaart mit Gewaltbereitschaft, können zu einer gefährlichen und fehlgeleiteten Entwicklung führen, die alles zensiert, was sie für rassistisch oder faschistisch hält. Das Zensieren hat den hohlen, rechts gerichteten Müll eher noch populärer gemacht. Der durch Zensur entstandene Underground- und Verfolgten-Status hat dazu geführt, dass der Skin-Müll über »White Power« verbreitet wurde und dadurch mehr Leute erreichte, als wenn man die Skins mit ihrem hohlen Geschwätz alleine gelassen hätte.

Die Skinhead-Bewegung in Amerika ist im Großen und Ganzen zu einer reinen Jugendmode geworden. Einzig die Punkszene ist weiterhin von ihr bedroht, denn es finden immer noch Prügeleien bei größeren Konzerten statt. Obwohl die Mehrheit der amerikanischen Skinheads nicht mehr rassistisch eingestellt ist, sind die meisten Skins immer noch patriotische, dumme Schlägertypen. Punks und Skins haben fast nichts gemeinsam (mit Ausnahme der Straight-Edge-Punks, die von den Skins das geschniegelte Aussehen und die oft konservativen Ansichten übernommen haben), trotzdem werden sie wegen ihres ähnlichen musikalischen Geschmacks oft in einen Topf geworfen. Das beweist nur, dass Skins die Texte vieler Punkbands, die sie mögen, nicht unbedingt lesen oder verstehen.

Aus Angst vor drohender Gewalt sind nur wenige Punkbands so mutig gewesen, bei ihren Shows etwas gegen Skinheads zu sagen, aber das ändert sich jetzt. Es hat schon in einigen Städten Veranstaltungen gegeben, bei denen Skins der Eintritt verwehrt wurde. Und es gibt Clubs, die deutlich machen, dass sie die blinde Gewalt der Skins nicht länger tolerieren. In diesem Zusammenhang sollte das »ABC No Rio« in New York City erwähnt werden, weil es geschafft hat, den Ruf der Stadt zu verändern. New York ist jetzt nicht mehr dafür bekannt, von einer brutalen Skinhead- und Straight-

Scared
of Chaka,
Tucson,
Arizona, '95

Edge-Szene dominiert zu werden, sondern dafür, eine kreative und politisch aktive Punkszene zu beherbergen. Veranstaltungen, die vor einigen Jahren noch Prügelwettbewerbe waren, sind jetzt praktisch skinhead-frei und bieten Spaß und die Möglichkeit zur Kommunikation. Überhaupt scheint sich die amerikanische Szene von den Skinheads zu verabschieden. Ich glaube nicht, dass Skins in absehbarer Zeit ein großes Comeback in der jüngeren Punkrock-Szene feiern werden.

Der Großteil der in diesem Buch versammelten Informationen über Skins und andere Themen lässt sich nicht in Mainstream-Publikationen oder Bibliotheken finden. Die Medien verdrehen und bauschen die Philosophien von Skinheads und Punks vor allem deshalb so auf, weil sie nicht genügend darüber wissen. Um die Wahrheit über die im Buch besprochenen Themen herauszufinden, braucht man Primärquellen. Meine Primärquellen bestehen aus persönlichen Erfahrungen und den gelesenen Fanzines.

FANZINE OF THE MONTH

ASSAULT

BEN IS DEAD

PROFANE EXISTENCE

MAKING PUNK A THREAT AGAIN!

Surf Kuwait

MAXIMUMROCKNROLL

CLASS WAR
BRITAINS MOST UNRULY TABLOID

LOS ANGELES
FLIP SIDE
FULGORI
PUNK ROCK
GERMS
CLASH
MORE

SEARCH & DESTROY

The original, undiluted magazine that the others copied. We still have a few of the 1977-78 issues left. They contain incendiary interviews and passionate photographs. Corrosive minimalist documentation of the only youth rebellion of the seventies: punk rock; the philosophy and culture, before the mass media takeover and inevitable cloning.

Assault With Intent To F.

RAISING HELL
BASTARDS!

Toxik Ephex, Scraps,
Christ On Parade

MAXIMUMROCKNRO
HEY
KIDS.

THRUST
Europe's biggest regularly
magazine. send all recor
...tes, articles etc. to: A

No. 164

40 PAGES OF SHEER ANARCHY, PUNK AND C

KOMMUNIKATION INNERHALB DER BEWEGUNG
Fanzines – von der Kopiermaschine direkt in den Untergrund.

Meine eigene Aufschlüsselung der wichtigsten Zine-Typen würde so aussehen (ohne bestimmte Reihenfolge): Kunst (inklusive Comics, Mail Art und Collagen), Konservativ-verfassungspatriotisches, Ökologisch-umweltbewusstes, Film (meist Horror, Splatter und Trash), Lyrik, Religion (heidnisch-bizarrer Glaube, discordianistisch-zeremonielle Magie), Links-anarchistisches, Musik, Science-Fiction und Fantasy, Mainstream-Literatur, UFO-Außerirdischen-Bizarrerien und Psychokram, Wissenschaftskritisches und Friedens- bzw. Antikriegs- und sozial Bewegtes, Schwul-lesbisch-bisexuelles. Von all dem, was in Klein- und Kleinstverlagen publiziert wird, kann wahrscheinlich 90 Prozent in eine dieser Kategorien gepresst werden (jedenfalls mit etwas Gewalt).«

(Mike Gunderloy, Herausgeber von *Factsheet Five*, MRR Nr. 77, Oktober 1989)

Punk-Fanzines (oder kürzer »Zines«) sind die wichtigsten Kommunikationsmittel der Szene. Sie werden von Punks für Punks publiziert und decken ein breites Themenspektrum ab. In diesem Buch benutze ich für den Großteil der Informationen die »größeren« Fanzines (normalerweise ist ein »großes« Fanzine eines mit einer Auflage von über 1000 Stück). Die größeren Fanzines beschäftigen sich meist sowohl mit Musik als auch mit Politik und haben nur periphäres Interesse an den anderen oben aufgelisteten Themen. Das heißt nicht, dass die anderen Zines nicht interessant oder inspirierend sind oder keinen Spaß machen, weil sie sich nicht direkt mit der Welt des Punk beschäftigen, aber sie sind für die folgenden Ausführungen nicht sonderlich nützlich. Fanzines für Lyrik oder Fotografie fangen Kunst und Erlebnisse von Punks ebenso treffend ein, sind aber natürlich schwer in Worte zu fassen. »Als geschlossenes Gesamtkunstwerk stellen die Punk-Fanzines eine Zusammenschau und Synthese der verschiedenen Elemente – Musik, Philosophie, Ästhetik und Einstellung – dar, die das Phänomen Punk ausmachen.« (Henry, 95)

Punk-Fanzines entstanden Mitte der Siebziger durch das Anwachsen der Szene in New York und London. Die größten Fanzines waren damals *Sniffin' Glue* aus England und *Punk* aus New York. Wie ein Großteil der Fanzines existierten sie nur kurze Zeit, hatten eine kleine Auflage (gemessen an den Standards professioneller Zeitschriften) und eine sehr amateurhafte Herangehensweise ans Publizieren (wiederum gemessen am Standard der Hochglanz-Magazine). Fanzines sollten nicht mit Zeitschriften verwechselt werden, die Hochglanz-Titelblätter, farbige Seiten und hohe Budgets haben. Die meisten Fanzines werden im Kopierverfahren, ohne Seitenzahlen, Urhebernachweise und Aussicht auf Gewinn hergestellt. Um Fanzine-Herausgeber zu werden, braucht man nur den Drang, die eigene Meinung oder eigene Ideen und Gedanken auszudrücken sowie Zugang zu einem Billigkopierer. Fanzines werden meist auf dem Postweg vertrieben, da Läden selten ein Produkt mit solch geringer Gewinnspanne und kleinem Publikum ins Sortiment aufnehmen wollen. Als die zwei eben genannten Fanzines eingingen, hatten sie aber schon so viele Leute beeinflusst, dass ein Netzwerk von lokal operierenden Fanzines entstand, das sich bald weltweit ausbreiten sollte.

Die Fanzine-Welle gewann auch in der frühen kalifornischen Szene schnell an Kraft, wo »Fanzines – kopierte oder mimeografierte Papierbögen über die Bands und ihre Fans – ein essenzieller Bestandteil waren. *Flipside* wurde in Whittier herausgegeben, kostete 25 Cents und warf einen bösen, trashigen und authentischen Blick auf die Szene und ihre Anhänger. *Flipside* war die jüngere, primitivere Variante von *Slash*. *Slash* war immer ein Stück weit intellektuell, während *Flipside* offen blöder Spaß war.« (Craig Lee, *Hardcore California*, 18) Nach dem Ende von *Slash* wuchs *Flipside* schnell zum größten südkalifornischen Zine heran. Obwohl es den Blick weiterhin auf die Region warf, war *Flipside* doch eines der ersten Zines, in dem auch Punks aus verschiedenen Teilen Europas interviewt wurden. *Flipside* beschäftigt sich inzwischen weniger mit Punk, sondern ist jetzt weitgehend ein Magazin für »neue Musik«. Die ursprünglichen Redakteure bringen sich mittlerweile nur noch wenig in die Zeitschrift ein. Mit ihrem Slogan »Sei mehr als nur ein Augenzeuge« hat *Flipside* dennoch dem ganzen Land und Europa gezeigt, dass sich jeder selbst einbringen kann und das auch sollte.

Maximum Rock N Roll wurde 1982 in San Francisco gegründet und fügte bald seiner florierenden Punk-Radiosen-

Kilkare, Fairfield, California, '98

dung ein Fanzine hinzu, das die Politik und die verschiedenen Szenen stärker ins Bild rückte, als *Flipside* es vorher getan hatte. *MRR* richtete den Fokus nicht nur auf Kalifornien, sondern auf die ganzen USA und den Rest der Welt. Es druckte »Szene-Reports« ab, die von Lesern auf der ganzen Welt geschrieben wurden. *MRR* half durch den Abdruck von Anzeigen sowie Kontakt- und Musikadressen aus allen US-Staaten, Südamerika, Ost- und Westeuropa und sogar der Sowjetunion, eine echte weltweite Punk-Gemeinschaft zu schaffen. *MRR* hat jedes wichtige amerikanische Fanzine außer *Flipside* überlebt und hat durch seine Betonung des Egalitarismus über Jahre die Ansichten tausender Punks geformt. Obwohl der Chefredakteur Tim Yohannon oft dafür kritisiert wurde, dass er definiere, »was Punk ist«, hat er andererseits nie behauptet, ein objektiver Herausgeber zu sein. Als Reaktion auf die Kritik von *Flipside*-Redakteuren, dass er eine Anzeige einer rassistischen Skinhead-Band zensiert habe, sagte er: »Ich möchte Einstellungen, die ich für wirklich reaktionär halte und die die wachsende Dummheit fördern, keinen Raum geben. Als ›Alternative‹ und als Fanzine, das ja per Definition von Individuen gemacht wird, glaube ich, dass ein Zine Spiegel dessen sein sollte, was die Macher wollen. Wir sind nicht das einzige Fanzine auf der Welt, und wir versuchen auch gar nicht so zu tun, als seien wir irgendeine objektive Sache ... Ich möchte schlicht auf keine Art und Weise zur Ausbreitung dieser [rassistischen] Mentalität beitragen.« (Tim Yohannon, *MRR* Nr. 49, Juni 1987)

Es hat bei den MitarbeiterInnen von *MRR* einen stetigen Wechsel gegeben, das Zine ist in den letzten Jahren immer größer geworden. Durch modernes Computerequipment hat es jetzt ein professionelleres Aussehen (obwohl immer noch schwarz-weiß), und ein Anstieg der Anzahl eingesandter Artikel, die 95 Prozent des Fanzines ausmachen, hat den Umfang auf mehr als 150 (weiterhin unnummerierte) Seiten anwachsen lassen. Obwohl *MRR* immer noch für seine Förderung bestimmter politischer Einstellungen kritisiert wird, kommt doch der Großteil der legitimen Kritik von denen, die glauben, dass *MRR* zu viel Macht über die Punkszene gewonnen hat. Es stimmt, dass ganze Bereiche der Punkbewegung komplett mit allem übereinstimmen, was *MRR* druckt – oft ohne eine gesunde Portion Kritik oder Humor. Es stimmt auch, dass positive Besprechungen von Platten oder Fanzines gute Verkaufszahlen garantierten. Zu viele Punks verlassen sich auf *MRR* als einzige Informationsquelle darüber, wen man unterstützen

Los Crudos,
Corpus Christi,
Texas, '95

und wen man boykottieren sollte. Auch ich stimme mit dem Großteil der in *MRR* geäußerten Meinungen und Einstellungen überein, aber die Macht, die das Heft erreicht hat, ist extrem gefährlich. Sie wird auch manchmal von Kolumnisten und festen Mitarbeitern ausgenutzt, deren Meinungen einen großen Einfluss auf jüngere Punks ausüben.

Trotz der Beschwerden über *MRR* und dessen Rückziehern hat das Zine sehr gute Arbeit geleistet, um seine Ziele in monatlicher Erscheinungsweise zu erreichen. Diese Ziele oder Hauptideen sind: »(1) Progressiven Einstellungen in der Punk- und Hardcore-Szene ein Forum zu verschaffen. (2) Dem Wachstum von Grassroots-Aktivitäten ein Vehikel zur Verfügung zu stellen. (3) Die internationalen Veränderungen zu dokumentieren, die uns politisch, gesellschaftlich und kulturell betreffen.« (Tim Yohannon, *PE* Nr. 3, 8) Ungeachtet der Kritik und der gelegentlichen apathischen Launen der Punkszene glaubt Yohannon, dass *MRR* »weiter versuchen wird, Menschen zu verbinden, Aktivismus zu zeigen und Leute zu positiven Aktionen zu bewegen. Wir bei *MRR* können diese Dinge nicht alle selbst machen, aber dadurch, dass wir bestimmte Prinzipien der Integrität beibehalten (wie zum Beispiel, ohne Gehalt zu arbeiten und unsere Finanzen offen zu legen), können wir vielleicht ein Beispiel geben. Wir können auch dadurch aktiv sein, dass wir uns Projekte ausdenken und diese organisieren, beispielsweise das *MRR*-Radio, den Blacklist Mailorder (ein mittlerweiler eingestellter ehrenamtlicher Mailorder, der fast sämtliche Punkplatten und -fanzines vertrieben hat), das Gilman Street Project (ein Lagerhaus in Berkeley, in dem jede Woche Punkshows für alle Altersstufen stattfinden), Pressure Drop Press (der Verlag von *Threat By Example*, *Sabotage in the American Workplace*, *You Don't Have to Fuck People Over to Survive* sowie eines Buches von Noam Chomsky) und das Epicenter (ein mittlerweile geschlossener Plattenladen mit Fanzine-Bibliothek). Sie arbeiten alle ohne Gewinn und sind Unternehmungen nach dem DIY-Motto ›selber machen‹, die sich der Stärkung von Kommunikation und der wirtschaftlichen Macht des Untergrunds verschrieben haben.« (Tim Yohannon, *MRR* Nr. 100, September 1991) Da *MRR* über die weltweite Szene berichtet und Meinungen und Beiträge von Punks aus aller Welt abdruckt, glaube ich, dass es okay ist, das Zine als Hauptquelle für die Gedanken und Aktionen der heutigen Punkszene zu nutzen.

Die radikalere Alternative zu *MRR* ist das Fanzine *Profane Existence* aus Minneapolis. *PE* ist anarchistisch orientiert und beschäftigt sich stärker mit Politik und politischen Bands als *Flipside* oder *MRR*. Es wurde Ende 1989 gegründet und hatte die ersten zehn Ausgaben lang ein Layout, das genau dem Format von *MRR* entsprach, nämlich 21,7 mal 27,9 Zentimeter. *PE* war allerdings um einiges dünner als *MRR*. Aus unerfindlichen Gründen ließ *PE* vorübergehend dieses Format fallen und legte sich ein Boulevardzeitungs-Layout nach dem Vorbild der populären linken Zeitungen zu. Für uns Leser war es ein Glück, dass die Redakteure wieder zum alten Format zurückkehrten, mit gleichzeitig erweitertem Inhalt. *PE* ist zu einem der auflagenstärksten Fanzines geworden und erhält wegen seiner offen aggressiven Politik ein großes Leserecho aus Europa. Die MitarbeiterInnen sind ziemlich offensichtlich von den frühen britischen Politpunks beeinflusst und scheinen auch neben ihrer Fanzine-Arbeit sehr engagiert zu sein. Als die erste (amerikanische) Auflage meines Buches erschien, gab es *PE* erst seit drei Jahren. Seitdem ist *PE* unter Punks sicherlich die Nummer Zwei hinter *MRR* bezüglich Einfluss und Popularität geworden. Die Redakteure »veröffentlichen jede Ausgabe mit dem Ziel, über unsere eigenen Aktivitäten zu berichten und gleichzeitig eine Nachrichtenquelle für Leute zu sein, die in der anarchistischen und/oder Punk-Kultur und deren Aktivitäten involviert sind. Wir veröffentlichen das Heft auch mit dem Ziel, die Schranken der Entfremdung zu überwinden, welche die ganze Gesellschaft gespalten haben und ruhig stellen sollen. Falls unsere politischen Einstellungen dir irgendwie zu nahe treten ... Pech für dich!« (*PE* Nr. 13, Januar 1992, 1)

Obwohl *Flipside*, *MRR* und *PE* sicher nicht die einzigen Fanzines sind, die in Nordamerika und Europa gelesen werden, sind sie auf jeden Fall die einflussreichsten gewesen. Jedes europäische Land hat sein eigenes Angebot an größeren und kleineren Fanzines, die aber meist in der Landessprache geschrieben sind und eher über lokale Ereignisse berichten. Die drei genannten Fanzines werden in vielen Ländern außerhalb der USA gelesen und berichten auch über Vorgänge im Ausland. Diese und andere Fanzines haben nicht nur über die Grundsätze und Aktionen der Punkszene berichtet, sondern auch dazu beigetragen, die Richtung zu bestimmen, in die sie sich entwickelt. In den letzten zwanzig Jahren wurden tausende verschiedener

Fanzines veröffentlicht. Diese drei habe ich wegen ihrer Verfügbarkeit und der Akzeptanz innerhalb der Punkszene als Hauptquelle benutzt.

In dem Zusammenhang ist es wichtig, über einige aktuelle Veränderungen in der Zine-Welt zu berichten. Zunächst hat es eine »Zine-Explosion« gegeben, sowohl was die Quantität als auch die Popularität der Zines anbetrifft. Wichtige Presse-Grossisten und Einzelhandelsketten haben damit begonnen, überall in Amerika Zines ins Sortiment aufzunehmen und zu verkaufen. Für viele Zines ist das eine fantastische Chance, ein größeres Publikum zu erreichen, und für Jugendliche in der tiefsten Provinz ist es eine Möglichkeit, Untergrundkultur kennen zu lernen. Schlecht ist jedoch, dass Zines dadurch oft den Druck spüren, sich stärker zu »professionalisieren« oder am Mainstream zu orientieren, um Akzeptanz bei den Massen zu finden. Es gibt definitiv eine Schwemme abgekupferter Punker-Zines auf dem Markt, die den Platz in den Regalen der großen Plattenläden verstopfen. Professionell gestaltet und fast ausschließlich aus Anzeigen, Rezensionen und langweiligen Interviews bestehend, besitzen diese Loser längst nicht die Kreativität und das Herz ihrer raueren und leidenschaftlicheren Vorgänger. Mittlerweile sind auch Bücher über Zines erhältlich, ebenso wie großformatige Wälzer mit Nachdrucken vergriffener Ausgaben von Zines.

Anfang 1998 starb Tim Yohannon, und die Geschicke von *MRR* liegen nun in den Händen einer jüngeren und weniger erfahrenen Mannschaft. Hoffentlich wird sie Tims Vermächtnis, eine rebellische gesellschaftliche Botschaft zu verkünden, nicht vergessen. Mittlerweile beschäftigt sich *MRR* nur noch mit einer sehr geringen Bandbreite an Punkmusik. 1999 stellte *Profane Existence* sein Erscheinen ein. Das hat eine riesige Lücke in die sowieso schon ausgedünnte anarchistische Punkszene gerissen. Glücklicherweise haben uns die Macher ein großartiges Buch mit dem Titel *Making Punk a Threat Again* hinterlassen. Kauft's euch!

Es ist wichtig daran zu erinnern, dass Fanzines, egal wie groß oder klein sie sein mögen, alle dasselbe Ziel haben: die Ideen zu vermitteln, die die Punk-Kultur und ihre Philosophie ausmachen. So dienen Fanzines als Mittel, um nähere Einzelheiten bei Themen wie Anarchie, geschlechterspezifischen Problemen, ökologischen und politischen Einstellungen des Punk-Business herauszuarbeiten.

ANARCHISMUS

Eine Alternative zu bestehenden Systemen. Was er ist und wieso er von Punks in der ganzen Welt übernommen wurde. Das Versagen der »gekauften« Politiker hat einer Gegenkultur den Weg geebnet, die die Vorstellung vertritt, dass es ohne diese Blutsauger besser ginge.

»Jede Art von Regierung ist unerwünscht und unnötig. Es gibt keine staatliche Dienstleistung, die eine kleinere Gemeinschaft nicht auch selbst zur Verfügung stellen könnte. Wir brauchen niemanden, der uns sagt, was wir machen sollen, der unser Leben für uns organisiert, uns mit Steuern, Regeln und Bestimmungen belästigt und gleichzeitig von unserer Arbeit in Saus und Braus lebt.«

(Anarchist Youth Federation [AYF], *Profane Existence* Nr. 5, August 1990, 38)

Punks sind in ihrer politischen Einstellung primär anarchistisch orientiert. Nur wenige sprechen sich für irgendeine Form von Kapitalismus oder Kommunismus aus. Das heißt aber noch lange nicht, dass sich alle Punks gut in Geschichte und Theorie des Anarchismus auskennen, und doch teilen die meisten eine Einstellung, die im Kern aus anarchistischen Prinzipien besteht. So will man beispielsweise weder offizielle Regierung noch Herrscher, sondern schätzt individuelle Freiheit und Verantwortung (Wer tut das nicht?). Das Fanzine *Profane Existence* aus Minneapolis ist das größte anarchistische Punk-Fanzine Nordamerikas und berichtet aus einer anar-

Washington D.C., '91

chistischen Perspektive über Musik und Politik. Daneben gibt es noch viele andere ergiebige und regelmäßig erscheinende Publikationen, die sich jedoch eher an intellektuelle oder aktivistische Leser richten. Andere lassen die musikalische Seite von Punk ganz weg und haben stattdessen ein rein politisches Format gewählt.

In der europäischen Szene gibt es eine viel größere Zahl an anarchistischen Fanzines und Bands. Die europäischen Punks waren von Anfang an politisch aktiver als die nordamerikanischen Vertreter. Die Gründer und Redakteure politischer US-Fanzines wurden daher durch die zweite, sichtbar politisch orientierte Welle des europäischen Punk von 1980 bis 1984 beeinflusst. Bands wie **Crass**, **Conflict** und **Discharge** in Großbritannien, **The Ex** und **BGK** in den Niederlanden und **MDC** und **Dead Kennedys** in den USA machten aus Punks rebellische Denker, also mehr als einfach nur Rock'n'Roller. Die Ideologie dieser Bands wird heute von Gruppen weiter getragen, die ganz verschiedene Formen von Punk repräsentieren. Das funkensprühende politische Geknüppel von **Los Crudos** aus Chicago schreit der Unterdrückung ins Gesicht, die explizit klassenbewussten Texte von **Propagandhi** haben im populären Punk, der zum Mitsingen einlädt, eine passende Form gefunden. Der Erfolg dieser Bands zeigt sich an Tausenden von jungen, selbsternannten »Anarchisten«, die eine gesunde Verachtung für die gegenwärtig herrschenden Regimes hegen.

»Schon früh in der Entwicklung dessen, was wir Zivilisation nennen, bemerkten eine paar Leute, dass sie ein leichtes Leben führen und reich werden könnten, indem sie andere für sich arbeiten ließen. Diese Leute setzten sich mit List oder nackter Gewalt als Häuptlinge, Shamanen, Könige oder Priester durch. Mit Hilfe von Drohungen und Aberglauben hielten sie die Leute auf Kurs. Hin und wieder revoltierten ihre Untertanen, und die Herrschenden ließen entweder gerade mal so viele Reformen zu, dass die Leute besänftigt waren, oder sie wurden von neuen Herrschern ersetzt. Das ist das Wesen der Regierungen.« (Felix, »Professor Felix's Very Short History of Anarchism«, *Profane Existence* Nr. 1, Dezember 1989, 13)

Punks huldigen dem Anarchismus als Alternative zu den existierenden Systemen und zu den fortwährenden, bislang auf jede Revolution gefolgten Zyklen der Unterdrückung. Eine Regierung (und allgemein eine Hierarchie) unterdrückt und beutet die von ihr regierte und beeinflusste Bevölkerung aus. Im Gegensatz zu anderen jugendlichen oder bürgerlichen Gegenkulturen lehnen Punks den Kommunismus und die linken Flügel der traditionell-demokratischen Regierungen genauso ab wie den Kapitalismus. Reformen der herrschenden Parteien werden oft als dirigistisch – also dem formalen Erhalt der Regierung dienlich – und als oberflächlich verurteilt. Reformen werden ihrer Ansicht nach nur zugelassen, um die Bevölkerung zu besänftigen, nicht um sie zu befreien. Was den Kommunismus angeht, so stimmen viele Punks dessen vorgeblicher Unterstützung von Frauenrechten und der Arbeiterklasse zu. Beide, Punks wie Kommunisten, lehnen die kapitalistische Gesellschaft ab. Viele Punks haben daher schon an Demonstrationen teilgenommen, die von der Spartakistischen Liga, der Revolutionären Kommunistischen Partei und anderen marxistischen, leninistischen oder trotzkistischen Gruppen organisiert wurden. Anarchisten und alle, die sich die Geschichte näher betrachten, werden allerdings merken, dass die kommunistische Realität bislang weit von den Zielen eines idealen anarchistischen Staates entfernt war.

»Kommunistische Gruppen reden auf einer ganz anderen Linie, solange sie nicht an der Macht sind. Sie präsentieren den Kommunismus als edle Kraft im Kampf um Gleichheit und Gerechtigkeit und gegen Unterdrückung und Herrschaft der Kapitalisten. Und doch sind die Parteien des linken Flügels ihrem Wesen nach autoritär. Jedes System, dessen Philosophie auf der Idee von der Herrschaft eines Menschen über einen anderen fußt, beinhaltet die Möglichkeit zur Unterdrückung. Kommunistische Gruppen ringen nicht um die Befreiung der Massen, sondern um den eigenen Aufstieg zur Macht. Wenn sie an der Macht sind, benutzen sie zum Machterhalt dieselben repressiven Methoden wie alle anderen Regierungen.« (Felix and Rat, »Revolt Against Communism«, *PE* Nr. 2, Februar 1990, 22)

Kommunistische Unterdrückung kann nicht nur anhand repressiver Regimes aus jüngster Vergangenheit belegt werden, sondern auch anhand des Kronstädter Aufstands von 1921, der ukrainischen anarchistischen Bewegung von 1918–21 und des spanischen Bürgerkriegs von 1936–39, in dem die Anarchisten verraten und von totalitären kommunistischen Kräften niedergeworfen wurden. Kommunistische Regimes unterscheiden sich am Ende nicht notwendigerweise vom gestürzten Regime, zumindest nicht, was den Umgang mit den beherrschten Untertanen anbelangt. Revolution sollte aus mehr als nur dem Wechsel von Herrschern bestehen. »In diesem Jahrhundert hat der Begriff der Revolution die Bedeutung einer Umwälzung erlangt, die von einer professionellen Klasse kommunistischer Organisatoren herbeigeführt wurde, um lediglich das kapitalistische System zu stürzen und es gegen ein ebenso oder schlimmer unterdrückendes System auszutauschen.« (Die Band **Destroy** aus Minnesota, *PE* Nr. 1, 29) In diesem Sinne sind Revolutionen zu einem Teufelskreis geworden: Die Unzufriedenen lehnen sich nur auf, um eine neue Klasse von Unzufriedenen zu schaffen. Der Kommunismus bringt nicht den notwendigen Grad an Freiheit, den der Anarchismus schafft, und sollte deshalb nicht seinem vorgeblichen Feind – dem Kapitalismus – vorgezogen werden.

Die Punkbewegung enstand in den kapitalistischen, pseudo-demokratisch regierten Ländern. Kein Wunder also, dass der Kapitalismus mitsamt seinen Problemen zur eigentlichen politischen Zielscheibe von Punks wurde.

Ruin, Baltimore, Maryland, '86

Obdachlosigkeit, Klassendiskriminierung und die Ausbeutung durch Arbeit sind wohl nur einige Resultate eines auf Habgier gegründeten Systems. Denn obwohl es stimmt, dass das kapitalistische System vielen seiner Mitglieder einen großen Luxus zugesteht, hängt dieser doch direkt mit der Ausbeutung jener zusammen, die einen solchen Luxus nicht haben. Der alte Glaube daran, man könne durch ehrliche und harte Arbeit reich werden, hat sich schon immer als Unsinn entlarvt. Wenn dem so wäre, wären viele der unteren Klassen, inklusive meiner Familie und mir, stinkreich.

In einer kapitalistischen Gesellschaft wird Erfolg über Reichtum und Waren definiert. Nach dieser Definition ist die bürgerliche Mittelklasse »gut situiert«, gut genug, um jeder Form radikaler Veränderung aus dem Weg zu gehen, da sie mit ihrem Status zufrieden ist und also Angst hat, »arm« zu werden. Selbst die materiell Armen, die eigentlich ihre wahre Situation verstehen sollten (und oft können), arbeiten in der Hoffnung auf bürgerlichen Luxus. Die Tatsache, dass in der Regel Stereoanlagen und Fernseher, nicht Nahrungsmittel gestohlen werden, zeigt, dass die meisten Menschen der Vorstellung unterliegen, ein besseres Leben bestünde aus mehr Geld und mehr Waren.

Ein gewisser Luxus und Geld können das Leben auf jeden Fall leichter machen. Aber Erfolg und Versagen nach diesem Schema zu beurteilen, hat gefährliche Auswirkungen. »Der Kapitalismus basiert auf einem theoretischen Modell, das davon ausgeht, dass jeder bestrebt ist, seinen individuellen Profit zu maximieren. Im Großen und Ganzen haben sich die Menschen nach diesem Modell verhalten und dabei alle Dinge um sich herum in Waren verwandelt, die gekauft und verkauft werden können.« (»New World Order«, *MRR* Nr. 98, Juli 1991) Die Auswirkungen werden besonders anhand der gegenwärtigen ökologischen Gefahren und Katastrophen offensichtlich. Wenn Ökonomen den Wert eines Umweltprodukts errechnen, ohne dabei den dazugehörigen Verlust einzubeziehen, arbeiten sie auf eine Katastrophe für nachkommende Generationen hin, von den Folgen für Pflanzen und Tiere ganz zu schweigen. Sein Extrem »erreicht dieses Denken in Kriegszeiten, in denen sowohl Menschen als auch der Kampf zwischen ihnen warenförmig wird. Töten wird bedeutungslos« (»New World Order«, *MRR* Nr. 98). Dies ist ein sehr wichtiger Punkt, der vom Golfkrieg im Nahen Osten nur unterstrichen wird.

Eine gängige These besagt, dass Kapitalismus Kannibalismus ist. Diese Aussage soll versinnbildlichen, wie Konzernchefs oder Führungskräfte andere Menschen aus Profitgier ausbeuten. Dem Kapitalismus, so scheint es, liegt stets das Elend bestimmter Menschengruppen zugrunde. Während des Golfkrieges wurden die Soldaten auf beiden Seiten nicht nur dazu benutzt, Profitverluste zu verhindern, sondern sogar, um das Geschäft zu beleben. »Bestimmte Tatsachen dieses Krieges sind nicht zu widerlegen: Hunderttausende unschuldige Menschen haben ihr Leben verloren. Eine ganze Zivilisation wurde zerstört. Im kapitalistischen Amerika hatte der Krieg aber ganz andere Auswirkungen: Es wurde kräftig verdient.« (»New World Order«, *MRR* Nr. 98) Ohne auf die offensichtlichen Gründe einzugehen, warum dieser Krieg falsch und unentschuldbar war (sollte es überhaupt möglich sein, einen Krieg zu rechtfertigen?), sind einige seiner wirtschaftlichen Folgen sehr aussagekräftig: »Wüstensturm«-Hemden, Videos, Fernseh-Specials und Auto-Aufkleber wurden mit Hilfe der rassistischen Parolen und dem Tod zahlreicher Menschen profitabel verkauft. Mit Blick auf den »Profit« waren die Erdölfirmen vielleicht die größten »Gewinner«. Die populäre Antikriegs-Parole »kein Blut für Öl« hätte daher wohl besser »kein Blut für den Profit« lauten sollen.

Die Gesamtkosten des Krieges wurden für die Vereinigten Staaten auf sechzig Milliarden Dollar geschätzt. Hierin sind nicht die menschlichen Verluste der Alliierten enthalten, egal wie viele es waren, und erst recht nicht die Verluste der Irakis. Wenn wir diese Summe als korrekt ansehen – was ein moralisches Verbrechen wäre – erhalten wir einen weiteren Beweis für den amerikanischen Profit. »Wegen der Beiträge der Alliierten von 57 Milliarden Dollar und der 18 Milliarden Dollar aus Vorauszahlungen Saudi Arabiens und Kuwaits für neue Waffengeschäfte, wird dieser Krieg ein profitables Geschäft für die Regierung der Vereinigten Staaten gewesen sein.« (»New World Order«, *MRR* Nr. 98) Nicht nur die Regierung, sondern auch große Baukonzerne werden ihre Bankkonten durch den Wiederaufbau des Irak füllen. Je mehr Zerstörung, desto mehr Wiederaufbau, desto mehr Profit. Es erscheint pervers, von einem Krieg zu profitieren, aber es ist so. Daher sind einige ziemlich heiß auf einen Krieg, um unter dem Vorwand eines militärischen Ziels die patriotische Leidenschaft entfachen und die Wirtschaft ankurbeln zu können. »Manche konstruieren komplizierte Verschwörungstheorien, um ein solches Phänomen zu erklären, aber unserer Ansicht nach ist so etwas völlig überflüssig. Die Wahrheit ist viel heimtückischer: Im kapitalistischen System ist es ein ganz rationaler Akt, aus Krieg Gewinn zu schlagen, da das System alles in eine Ware verwandelt, deren einziger Wert durch den ›freien Markt‹ bestimmt wird.« (»New World Order«, *MRR* Nr. 98) Weil Kapitalismus seinen Wohlstand darauf begründet, Menschen zu entmenschlichen und auszubeuten (und auch Tiere und die Umwelt), kann er von Anarchisten nicht akzeptiert werden. Für Anarchisten gibt es aber auch noch viele andere Gründe, den Kapitalismus und den pseudodemokratischen Staat abzulehnen. Auf einige von ihnen wird später eingegangen werden.

Die Ansichten anarchistischer Punks stimmen häufig mit denen des sogenannten radikalen, linksliberalen und äußeren linken Flügels innerhalb der demokratischen Parteien überein. Der Einsatz für Frauenrechte und Homosexuelle und die Forderung, niemanden wegen seines Äußeren zu diskriminieren, sind zentrale Themen sowohl der Liberalen als auch der Anarchisten. Trotz solcher Gemeinsamkeiten lassen sich die Anarchisten nicht davon abhalten, die Linke genau wie die Rechte zu verurteilen (oder sogar noch stärker als die Rechte). »Es erscheint seltsam, dass Anarchisten eine Koalition bilden und mit Gruppen des linken Flügels zusammen arbeiten können. In Wahrheit steht der Anarchismus genauso in Opposition zur linken Politik wie zu Gruppen des rechten Flügels.« (Felix and Rat, *PE* Nr. 2) Der Golfkrieg kann wieder als Beispiel herangezogen werden, um die Unterschiede zwischen der Linken und den Anarchisten zu illustrieren.

Die Proteste und der Widerstand der Linken waren von deren Unwillen geprägt, »prinzipiell einen radikalen Egalitarismus zu unterstützen« (»New World Order«, *MRR* Nr 99, August 1991). Anarchisten misstrauen der Linken, gehen davon aus, dass sie Angst davor hat, irgend etwas zu tun, »das sie in direkte Konfrontation mit dem Staat bringen könnte«. Ich war selbst auf der größeren der zwei Antikriegs-Demonstrationen in Washington D.C. und kann diese These nur bestätigen. Der Protestmarsch wurde von mehreren linksliberalen Gruppen organisiert, die sich vor allem dadurch hervortaten, sich selbst anzupreisen und ihre Waren zu verkaufen. »Die Veranstalter riefen die Demonstranten im Wesentlichen dazu auf, in Reih und Glied hinter den Parolenschreiern her zu marschieren, also mit

Stratford
Mercenaries,
Bayview,
San Francisco,
'97

ihren Ketten ›wie zivilisierte Menschen‹ zu rasseln anstatt sie zu sprengen. Teilnehmer wurden angewiesen, auf den Gehsteigen zu bleiben und sich wegen der anwesenden Medien gut zu benehmen. Spontane, kreative Opposition wurde missbilligt. Für alle, die eine andere Vorstellung hatten, gab es ›Friedensordner‹, um die Gruppe in Reih und Glied zu halten« (»New World Order«, *MRR* Nr 99). Manchmal kann es sinnvoll sein, eine Koalition zu bilden, um einen breit angelegten Protest zu mobilisieren, in dem verschiedene, klar miteinander zusammenhängende politische Fragen vereint werden. Im Fall der Antikriegs-Proteste diente die Koalition allerdings lediglich dazu, die Botschaft des Protests zu verwässern.

Um keine der anwesenden Gruppen zu kränken (einmal abgesehen von der kommunistischen Gruppe, die wegen ihrer lächerlichen verbalen Irak-Unterstützung fast schon eine Beleidigung war), lautete die Botschaft der Protestbewegung »Bringt unsere Soldaten sofort heim!« Viele Punks griffen, ohne menschliches Leben abwerten zu wollen, einen wesentlich bissigeren Slogan auf: »Scheiß auf die Soldaten.« Ein beschränktes und falsches Verständnis der Situation besteht nämlich nicht nur darin, Soldaten zu unterstützen, damit sie zerstören und töten können, sondern auch darin, sie nach Hause holen zu wollen, damit sie (im Gegensatz zu den wertloseren Soldaten) nicht gefährdet werden. »Die Demonstranten reduzierten den Krieg auf einen einzigen, leicht verdaulichen Punkt: Das Militär ist OK, aber nicht dieser Krieg. Auf diese Weise unterstützte die Friedensbewegung die patriotischen Lügen des Mainstream und ordnete Widerstand dem nationalen Interesse unter: ›Frieden ist Patriotismus!‹ Jeder, der ein tatsächliches Interesse am Frieden hat, sollte jedoch Patriotismus ablehnen und verstehen, dass dieses Land auf Unterdrückung und Ausbeutung aufgebaut ist.« (»New World Order«, *MRR* Nr. 99) Es dürfte inzwischen klar sein, dass Punks mit Patriotismus nichts am Hut haben. »Zugleich ein Patriot zu sein und in Opposition zur Mehrheit zu stehen, wäre für mich die reinste Heuchelei. Ich halte es für unmöglich, die guten Merkmale dieses Landes zu unterstützen, ohne dass dadurch auch die schlechten unterstützt werden. Wann immer ich realisiere, wie sehr Tod, Folter und Unterdrückung feste Bestandteile dieses Landes sind, überwiegen in meinen Augen, in meinem Geist und in meinem Herzen die schlechten Dinge auf jeden Fall die guten.« (Martin Sprouse, *MRR* Nr. 39, August 1986)

Die Proteste und die gesamte Herangehensweise der Linken an den Krieg haben wohl nur ein allgemeines Gefühl von Hilflosigkeit und individueller Machtlosigkeit gefördert. Ihre einzige Art, Widerstand gegen den Krieg auszudrücken, bestand darin, einer Gruppe beizutreten und die Macht an deren Anführer abzutreten. Auch die Medien interessierten sich nur für die wenigen Verlautbarungen solcher Anführer oder von Berühmtheiten. Das einzige, was einem übrigblieb, war ein T-Shirt zu kaufen oder einen Brief zu schreiben. Es ist kennzeichnend für die Linke, dass sie den Verlauf von Demonstrationen festlegt und nach strikten Regeln gestaltet. »Man hatte die Strukturen von Autorität, Hierarchie und Profit beibehalten und also nicht erkannt, auf welche Weise gerade sie für den Konflikt im Golf verantwortlich waren: Der befehlshörige Gefreite hätte sich da ganz zuhause gefühlt. Die Botschaft der Demonstranten war klar: Sag ihnen (auf möglichst demütige Weise), dass du wütend bist, dann geh heim und schau fern.« (»New World Order«, *MRR* Nr. 99)

Die Art und Weise, wie der Widerstand gegen den Golfkrieg gescheitert ist, ist ein integraler Bestandteil linker Politik. Die Herrschaftstechniken linker Anführer und ihre Einstellung zu den Gefolgsleuten stößt Anarchisten genauso ab wie die devote Haltung, mit der die Gefolgsleute solche Autorität anerkennen. »Die offizielle Linke wird von Karrieristen bestimmt, die nur ein einziges politisches Anliegen haben: Jede mögliche Veränderung unter Bürokratie und Kleinkrieg zu ersticken, um dies am Ende auch noch als Professionalität zu verkaufen.« (»New World Order«, *MRR* Nr. 99) Kommunisten und Linke ködern die Stimmen der Unzufriedenen, »in langwieriger Prozedur für ›progressive‹ Politiker, die doch immer für deren Ausverkauf sorgen, oder für Unterschriftensammlungen, deren proklamierte Gesetze nie umgesetzt werden, selbst wenn man sie beschlossen hat« (»New World Order«, *MRR* Nr. 99). Jeder, der einmal für ehrenamtliche, von einer »Sache« motiverte Gruppen gearbeitet hat, wird diese Aussage bestätigen können. Natürlich hat die demokratische Linke auch Gutes bewirkt, die Anarchisten halten solche Verbesserungen jedoch für Instrumente einer Besänftigung, nicht für echte Veränderung. Ihre grundlegendste Kritik an linker Politik ist die, dass Veränderung innerhalb eines Systems durchgeführt werden soll, das an sich bereits korrupt und destruktiv ist. Ein Anarchist wird sich, egal wie gut solche Verbesserungsvorschläge auch sein mögen, mit nichts anderem als einer umfassenden Veränderung zufrieden geben.

»Millionen von Amerikanern sind mit ihrem Leben und den Mächtigen auf ganzer Linie unzufrieden. Und doch sind das keine revolutionären Leute, denn sie glauben immer noch an die Institutionen der Demokratie ... Solange Menschen glauben, dass es möglich ist, die richtigen Führer zu wählen, wird die ›Legende von der Demokratie‹ leider weiterleben.« (Jon George, *PE* Nr. 11/12, Herbst 1991) Die »Legende von der Demokratie« ist auch die treibende Kraft, die progressive und linke Politik beherrscht. Es ist ein einfacher und verführerischer Glaube, irgendwo würden gute und ehrliche Politiker sitzen, die nur gewählt werden wollen, um endlich große und positive Veränderungen herbeiführen zu können. In Wirklichkeit ist es aber wohl eher so, dass nur solche Politiker als ernsthafte Kandidaten in Betracht kommen, die in Wort oder Tat ihr Festhalten am Status quo unter Beweis stellen. Selbst wenn es irgendeine Möglichkeit gäbe, »gute« Führer zu wählen, gibt es doch immer noch das Problem des Reformisten, der nicht glaubt, dass ein Individuum oder eine Gemeinschaft die eigenen Probleme je selbst wird lösen können. Stattdessen glaubt der Reformist an die Notwendigkeit der Autorität zum Wohl des Einzelnen. »Es ist ein Denkfehler, darauf zu zählen, dass die Regierung je Reformen mit dem Ziel durchführen wird, eine gerechtere Gesellschaft zu schaffen, denn jede dirigistische Gesellschaft baut notwendig auf Klassenschranken und Ungleichheit auf.« (Felix, *PE* Nr. 13, März 1992, 6) Die von der Linken favorisierten Reformen greifen also nur die Symptome des Systems, nicht die Krankheit selbst an. Probleme wie Obdachlosigkeit oder Armut werden angegangen, ohne deren Ursache im Wesen des Kapitalismus selbst zu suchen. »Letzen Endes dient es nur den Interessen der herrschenden Klasse und des Staates, wenn Tausende von intelligenten und engagierten Individuen ihre ganze Energie in Scheinreformen stecken, die in keiner Weise an den herrschenden Machtstrukturen kratzen.« (Felix, *PE* Nr. 13) Ein Anarchopunk lehnt deshalb die Art, wie gegenwärtige Regierungen funktionieren, ab. Wie aber sieht ein mögliches – oder, zugegeben, oft unmögliches – Anarchie-Konzept aus und wie hebt es sich von dem ab, was es kritisiert?

Die erste Punkband, die ihr ernsthaftes Interesse an Anarchie und deren Implikationen formulierte, waren die britischen **Crass**. Eine detaillierte

NO GOD

NO MASTER

Geschichte ihrer Ursprünge und Erlebnisse findet sich in *Shibboleth,*
der Autobiographie von **Crass**-Mitbe-
gründer Penny Rimbaud. **Crass** waren
sowohl eine Gemeinschaft von zwölf
Leuten als auch eine Band. Außerdem
drehten sie Filme, gaben Zeitungen
heraus und betrieben ein Plattenlabel.
Die Band wurde 1978 als Reaktion auf
einen immer modischer gewordenen
Punk und dessen Akzeptanz gegründet. Ihre Geschäftspraktiken, auf die
ich später noch eingehen werde, setzten einen Standard in Sachen Produktion und Vertrieb, der von vielen
nachgeahmt wurde. Einige Anarcho-
punks lehnten **Crass** jedoch wegen ihrer pazifistischen Ansichten als
Bezugspunkt für das anarchistische Punk-Ideal ab. »Die Anarchie ist die
einzige Form politischen Denkens, die nicht versucht, das Individuum
durch Gewalt zu kontrollieren.« (**Crass**, *Flipside* Nr. 23, März 1981) **Crass**
verurteilen sowohl die rechten wie linken Parteien dafür, dass sie ihre
Macht nutzen, um Menschen zu kontrollieren und ihnen etwas aufzuzwingen. Die Idee eines Staates bringt zwangsläufig mit sich, dass die Menschen ihm viele Aspekte ihres Lebens unterordnen – in manchen Fällen das
Leben selbst. »Anarchie bedeutet, staatliche Kontrolle abzulehnen; sie stellt
den Anspruch des Individuums dar, ein Leben in persönlicher Freiheit
und nicht eines der politischen Manipulation zu leben.« (**Crass**, *Flipside*
Nr. 23) Kontrolle abzulehnen setzt allerdings ein gewisses Maß an persönlicher Verantwortung voraus. So sehr die Menschen auch von Regierungen
schikaniert werden – unter ihnen lebt es sich frei von aller Verantwortung,
was am Ende vielleicht sogar bequemer ist. »Wer sich der Kontrolle verwei-
gert, nimmt sein Leben selbst in die Hand. Im Gegensatz zur landläufigen
Vorstellung von Anarchie als Chaos ist genau das der Beginn persönlicher
Ordnung ... Anarchie bedeutet kein wirres Durcheinander, in dem sich
jeder selbst der Nächste ist.« (**Crass**, *Flipside* Nr. 23) Anarchie ist vielmehr

ein Zustand, in dem Individuen in gegenseitigem Vertrauen und Respekt zueinander leben. Bleibt allerdings die Frage, wie Anarchisten sicherstellen können, dass sich ein solches Leben in persönlicher Freiheit von der gegenwärtigen Gesellschaft unterscheiden wird. Anarchisten können selbstverständlich niemandem irgendeine Akzeptanz aufzwingen. Deshalb setzen sie auf einen notwendigen Lern- und Bewusstseinsprozess, mit dessen Hilfe grassierende Vorurteile und Habgier abgebaut werden. »Der Respekt gegenüber anderen Menschen (und deren Besitz) kann nicht einfach gefordert, sondern muss gelehrt werden. Es ist unsere kapitalistische Gesellschaft mit ihrer Betonung der Habgier und des Egos – ein immerwährender Sozialisationsprozess, der das ganze Leben lang anhält –, die die Einstellung fördert, Menschen als Objekte zu behandeln.« (Anonymer Leserbrief, PE Nr. 5) Mit anderen Worten, ein Anarchist – oder jemand, der positive und langfristige Veränderung anstrebt – muss dazu bereit sein, die Menschen auf ihrem Weg zu einer freien Gesellschaft zu unterrichten oder zu »sozialisieren«.

Eine gesellschaftliche Veränderung ohne Zwang und Gewalt setzt das Vertrauen voraus, dass die Menschen eine solche Veränderung herbeiführen können und überhaupt wollen. Andernfalls würde der Anarchist genau die Art der Konditionierung erzwingen, die er verabscheut. Für Anarchisten ist es ein Widerspruch, jemandem seine Einstellung aufzuzwingen. Vorausgesetzt, dass Menschen nicht von Natur aus habgierig, selbstsüchtig oder hasserfüllt sind, können sie sich aber problemlos mit den anarchistischen Ideen anfreunden. Menschen »werden von der Gesellschaft zur gegenseitigen Ausbeutung konditioniert, dank der das System überhaupt erst funktioniert. Würde ein Kind mit guten pazifistischen und humanitären Ideen aufwachsen, also nicht mit jenen, denen es heutzutage täglich ausgesetzt ist, hätte es sicher eine komplett andere Einstellung zur Gesellschaft und zur Welt als Ganzes« (New Yorker Band **A.P.P.L.E.**, *MRR* Nr. 48, April 1987). Anarchisten müssen alle Menschen für gleichermaßen fähig erachten, sich selbst zu regieren. Ansonsten wären sie elitär und würden ihre weitreichenden Ziele der Unverwirklichbarkeit preisgeben. Die Vorstellung, dass Menschen sich selbst regieren können, stützt sich in der Regel auf die Annahme, dass der Mensch von Natur aus gut ist – gemäß Kropotkins Beobachtung, dass das soziale Leben am besten funktioniert, wenn alle sich gegenseitig helfen. Diese Denkrichtung reicht von Aristoteles bis hin zu den überzeugenden und sehr produktiven Werken des Linguisten, Anarchisten und absolut symapthischen Menschen Noam Chomsky. Während einige Anarchisten an der Masse verzweifelt sind (ein Thema, das noch angesprochen wird), ist sich die Mehrheit darüber einig, dass Anarchisten anderen gegenüber zu »Lehrern« – natürlich nicht zu »Führern« – werden müssen. »Auf die eine oder andere Weise müssen die Menschen etwas über Anarchismus lernen. Die meiste anarchistische Propaganda beschränkt sich inzwischen längst auf ein ›preaching to the converted‹.« (Jon George, PE)

Für Intellektuelle ist es sicher schwer und für den Durchschnittsbürger fast unmöglich, die Punkbewegung als revolutionäre Kraft ernstzunehmen. Die falsche Darstellung der Medien, Punk auf Drogenkonsum und Selbstverstümmelung zu reduzieren, hat die politische Wirkung von Punk nachhaltig geschwächt. Und doch hat sie nicht die Welle von anarchistisch motivierten Punks verhindern können, die erst vor kurzem entstand und bemüht ist, Theorie in Praxis umzusetzen. In den 80ern und 90ern organisierten die Anarchist Youth Federation (Minnesota, Tennessee, Kalifornien und Maryland), die Twin Cities Anarchist Federation, das Cabbage Collective (Philadelphia), das Tools Collective (Boston), Positive Force D.C. Konzerte und (Benefiz-) Veranstaltungen für politische Anlässe. Heute sprießen überall in den USA Punk-Kollektive aus dem Boden und sterben wieder ab. Das vielleicht beste Beispiel für kollektiven Geist ist Positive Force in Washington D.C.

»Positive Force ist eine Gruppe von meist jungen Leuten im D.C.-Distrikt, die gemeinsam an gesellschaftlicher Veränderung arbeiten. Wir organisieren Benefiz- und kostenlose Konzerte, Demonstrationen, Teach-Ins und arbeiten auch direkt mit bedürftigen Menschen. Wir sind unter anderem gegen Rassismus, Sexismus, Homophobie, Militarismus, Gewalt, Altersdiskriminierung, wirtschaftliche Ungleichheit und Zensur ... Positive Force unterstützt weder politische Parteien noch Anführer. Wir unterstützen die Idee, dass junge Leute zusammen arbeiten, um Veränderung herbeizuführen.« (Flugblatt von Positive Force) Positive Force waren im Protest gegen den Golfkrieg aktiv. Sie haben auch Tausende von Dollars für Einrichtungen wie Lebensmittel-Börsen für Bedürftige, das Washingtoner Friedens-

Zentrum, die Sexualberatungsstelle »Planned Parenthood« und AIDS-Zentren gesammelt. Es könnte auf einige der radikaleren Anarchisten dirigistisch oder reformistisch wirken, solche Gruppen zu unterstützen, zugleich hat Positive Force damit aber auch das politische Bewusstsein geschärft und das Gemeinschaftsgefühl gestärkt. Ich habe selbst mit meiner Band auf einem ihrer Benefizkonzerte gespielt und war schwer beeindruckt. Es würde durchaus Sinn machen, ein eigenes Buch über diese Gruppe, ihre Ziele und Erfolge zu schreiben. Ihr Gründer (allerdings nicht ihr »Führer«) Mark Andersen schreibt gerade an einem Buch über seine Philosophie und die Geschichte der Punkszene von Washington D.C.

Wie gesagt, die meisten Punks wurden von den Aussagen und Aktionen britischer Politpunks wie **Crass** beeinflusst. In den frühen 80ern arbeiteten **Crass** mit der Campaign for Nuclear Disarmament (CND) zusammen. Steve Ignorant von **Crass** erinnert sich: »Als wir das CND-Büro in Kings Cross in London zum ersten Mal betraten, war da nur ein kleines, winziges Büro mit zwei Leuten und diesen ganzen 60er-Postern. Wir boten ihnen die Zusammenarbeit an. Zu dieser Zeit begannen Punks Friedenssymbole zu benutzen und Bücher zum Thema Krieg zu lesen, es ging richtig ab. Wir konfrontierten die Leute mit ihrer tatsächlichen Situation und zeigten damit, dass Frieden nicht einfach veweichlicht oder hippieesk war.« (Steve Ignorant, *MRR* Nr. 62, Juli 1988) Zusätzlich gründeten **Crass** mit anderen Bands ein anarchistisches Zentrum in London. Es wurde als Buchladen, Konzerthalle und Wohnraum für Menschen genutzt, die keine andere Bleibe hatten. Leider wurde das Zentrum kurz darauf wegen Drogenmißbrauch und Vandalismus geschlossen – einige hatten »keine Regeln« mit »keine Verantwortung« verwechselt. Ein ähnliches Zentrum, das Emma Center in Minneapolis, verstand, solche Probleme zu vermeiden.

Bevor auf die Methoden der Anarchisten eingegangen wird, die sie benutzen, um ihre Ziele zu erreichen, muss noch angemerkt werden, dass einige unter ihnen nur sehr begrenzte Ziele haben. Viele Anarchopunks geben sich bereits damit zufrieden, innerhalb ihres eigenen Zirkels zu leben und lehnen die Idee von weitverbreiteter Anarchie ab. Ihre Einstellung kann als »persönliche« oder »Lifestyle-Anarchie« bezeichnet werden. Es bedeutet, sich selbst als Anarchisten zu betrachten und sich zugleich der fatalistischen Einstellung zu fügen, dass andere Menschen nicht in der Lage sind, sich selbst zu regieren. Ein solches Denken korrespondiert mit dem der bürgerlichen Kultur: Die Vorstellung, dass »ich OK bin und alle anderen bescheuert sind« hat nichts mit Anarchismus zu tun. Und doch fand sie ihren lächerlichen Niederschlag in zahlreichen Schriften anarchistischer Punks.

»Persönliche Anarchie« unterwirft sich der Vorstellung, dass eine Regierung oder irgendeine Art Gesetzesvollzug notwendig ist, um Mörder und Diebe in Schach zu halten. Ähnlich verhält es sich selbst noch mit den leidenschaftlichsten KommunistInnen oder RepublikanerInnen: Sie werden wohl kaum argumentieren, dass eine Regierung nötig ist, um sie selbst in Schacht zu halten. Sie werden vielmehr sagen, dass eine Regierung den Massen dient. In diesem Sinne ist persönliche Anarchie elitär, unanarchistisch und konterrevolutionär. Personen, die so denken, haben bereits alle Hoffnung auf tiefgreifende gesellschaftliche Veränderungen aufgegeben. Sie verbreiten aber weiter aktiv ihre Ansichten und finden innerhalb der anarchistischen Punkszene sogar noch immer Gehör.

Oi Polloi, Enola, Pennsylvania, '91

Der Pazifismus ist in letzter Zeit – angeregt durch die US-amerikanische Invasion des Irak und die Suche nach neuen Wegen des Widerstands – zu einem wichtigen Thema in der anarchistischen Gemeinschaft geworden. Während die ersten Anarcho-Bands für den Pazifismus eintraten, wird er inzwischen sogar von Leuten abgelehnt, die ihn damals befürwortet hatten. Noch einmal: Ursprünglich haben Bands wie **Chumbawamba**, die Schotten **Political Asylum** und **Crass** einen pazifistischen Anarchismus vertreten. »Es gibt keinen Widerspruch zwischen Anarchie und Pazifismus. Pazifismus besteht nicht in Passivität, sondern bedeutet für mich, einem tiefen Widerwillen gegen das Blutvergießen Ausdruck zu verleihen ... Die Gleichsetzung von Pazifismus mit Passivität ist so naiv wie die von Anarchie und Chaos. Als Pazifist bin ich gegen organisierten Militarismus und glaube, dass Machtausübung die menschliche Würde verletzt. Sollte ich mich in einer Position finden, in der diese Macht droht, mich direkt anzugreifen, würde ich mich auf die Weise gegen sie wehren, die nötig wäre, um einen Angriff abzuwehren. In einer solchen Situation würde ich die Anwendung von Gewalt nicht ausschließen.« (**Crass**, *Flipside*) Pazifisten wollen keine Märtyrer sein, aber sie unterstreichen, dass sich gewaltfreies Vorgehen mit der anarchistischen Einstellung deckt. Für pazifistische Punks ist es allerdings schwer, solche Ansichten innerhalb einer Gesellschaft zu äußern, in der Pazifismus noch immer auf seine betuliche Mainstream-Bedeutung reduziert wird.

»Die meisten Leute sind in ihren Einstellungen so festgefahren, dass sie offenen und entschiedenen Pazifismus sofort als feindliche Unterwanderung betrachten und nicht als Konsequenz aus der offenkundigen Tatsache, dass Krieg Tod bedeutet und deshalb falsch ist. In einer habgierigen, paranoiden Welt, in der Patriotismus zur zweiten Natur geworden ist und das Überleben als Selbstverständlichkeit betrachtet wird, gilt eine solch simple Logik zwar allgemein als wahr, aber ›unrealistisch‹ ...« (**Subhumans**, EP *Rats*, Bluurg Records, 1983)

Der pazifistisch eingestellte Anarchismus lässt sich auch durch das oft debattierte Verhältnis von Mittel und Zweck rechtfertigen. Es dürfte sehr schwer sein, eine anarchistische Revolution durchzuführen und den Staat zu zerstören, ohne dabei das Verhalten jener anzunehmen, die bekämpft werden sollen. »Ich glaube, dass Mittel und Zweck übereinstimmen müssen. Schon aus diesem Grund sind Lügen, Betrügen und Töten inakzeptabel.« (Mike Gunderloy, Redakteur des *Factsheet Five*, MRR Nr. 77, Oktober 1989) Für pazifistisch eingestellte Anarchisten kann eine Revolution also nur durch eine Erziehungsphase vorbereitet werden. Eine echte anarchistische Revolution und Gesellschaft kann nur entstehen, wenn die Menschen durch Einsicht und nicht durch Zwang dazu gebracht werden, die Freiheit anzunehmen. Anarchisten, die gewalttätig gegen ihre Feinde vorgehen, sind oft »durch ihr Ego und weniger durch ihr Gefühl motiviert und wenden Gewalt an, wann immer ihnen danach ist« (Skull, *Assault with Intent to Free* Nr. 9, Herbst 1991, 34). Pazifisten glauben, dass »Bücher zu verfassen oder Streitfragen zu diskutieren« die Menschen eher überzeugen kann, »als einen Molotow-Cocktail« zu werfen (Skull). Der Hauptgrund dafür, dass sich zahlreiche Anarchopunks als Pazifisten betrachten, liegt im Wesen der Anarchie selbst. »Aufgrund seiner Ideale, keinerlei Regierung und Unterdrückung zu dulden, ist anarchistische Gewalt mit den eigenen Zielvorstellungen noch schwerer in Einklang zu bringen als für andere politische Gruppen, die Gewalt anwenden.« (Todd Masson, Redakteur von IN*CIT, *PE* Nr. 5, 11)

Es gibt für Anarchopunks noch andere offenkundige Gründe, Gewaltfreiheit zu propagieren. Der offensichtlichste ergibt sich aus der Unterlegenheit in Sachen Anzahl und Macht, die Punks und andere Freaks der Gegenkultur gegenüber der jeweiligen Regierung an den Tag legen. Von sich aus könnten sie niemals eine Regierung stürzen, aber auch von all den Bürgern, die den gesellschaftlichen Status quo unterstützen, können sie sich keine Hilfe erwarten.

»Das Spiel mit romantischen Vorstellungen von revolutionärer Gewalt führt oft nur dazu, dass Leute früher als nötig begraben werden oder zumindest im Gefängnis landen ... selbst wenn fast all ihre Gewalt eine genuine Form der Selbstverteidigung ist. Hört man denn in letzter Zeit viel von gut bewaffneten, defensiven Black Panthers?« (Todd Masson, Redakteur von IN*CIT, *PE* Nr. 5) Viele Punks sind von diesen romantischen Vorstellungen beeindruckt und haben bereits kleine, eher unbedeutende Straftaten im Namen einer imaginären Revolution begangen. Pazifistische Punks mahnen allerdings andere Anarchisten zur Einsicht, dass viel getan werden muss, bevor – wenn überhaupt – Gewalt eingesetzt werden darf und für den Versuch, eine anarchistische Gesellschaft zu schaffen, gerechtfertigt werden kann. Bis dahin gilt, »dass die Leute uns als rücksichtslose, nicht erwachsen gewordene Punks abschreiben, je mehr unsinnige Aktionen von uns gestartet werden« (Skull, *AWITF*).

Zugleich gibt es nämlich viele Punks, die sich als Anarchisten bezeichnen, sich aber nicht zum Pazifismus bekennen. Und dies, obwohl einige von ihnen zu den Gründern des pazifistischen Lagers zählen. Mitglieder der englischen Bands **Conflict, Chumbawamba** und Steve Ignorant von **Crass** (später **Conflict**) haben dem Pazifismus abgeschworen, nachdem sie wiederholt von Skinheads und der Polizei angegriffen wurden. Er wird mittlerweile sogar von vielen, die ihn ehemals unterstützt hatten, als naive Idee angesehen. »Leider basiert die Realität nicht auf unseren moralischen Prämissen. Ginge es der Politik und der revolutionären Veränderung um die Moral, hätten wir schon vor Jahrhunderten gewonnen! Zu bestimmten Zeiten brauchen wir Gewalt.« (Ramsey Kanaan, **Political Asylum**, *MRR* Nr. 104, Januar 1992) Der Pazifismus ist von Liberalen erfolgreich zu einem wunderbaren moralischen Kodex verfälscht worden, zu einer Taktik, die uns keineswegs weiterhilft. »Ich glaube an die pazifistische Philosophie, aber genauso gut kann ich sagen, dass ich an einen Gott glaube. Im echten Leben würde es mir aber schwer fallen, zu beweisen, dass einer existiert! Das hier ist das echte Leben und es gibt echte Gewalt in unserer Gesellschaft. Wer auf sie geistig und körperlich nicht vorbereitet ist, geht ein großes Risiko ein.« (Dan, Redakteur von *PE*, *PE* Nr. 5) Dan und Felix vom *PE*-Kollektiv haben in ihrem Heft wiederholt Beiträge darüber veröffentlicht, wie man sich auf solche Angriffe vorbereitet. Einer der besseren, empfehlenswerten Artikel, ›Turn Up the Heat‹, findet sich in dem Buch *Making Punk a Threat Again*. Es handelt sich um einen von Felix geschriebenen, genauen und notwendigen Leitfaden zu Feuerwaffen.

Es gibt keine festen Kriterien, mit deren Hilfe entschieden werden kann, wann und zu welchem Zweck Gewalt akzeptabel ist. So entstand zum Beispiel während der Anti-Golfkrieg-Proteste ein Konflikt, weil einige den Pazifismus als ineffektiv und »liberal« kritisierten. »Die erste Woche der Proteste in San Francisco war von Spannungen zwischen dem pazifistischen Mainstream und denen, die Konfrontation unterstützten, geprägt. Wir alle haben die Bilder von ›Friedens‹-Demonstranten gesehen, wie sie Rekrutierungs-Büros der Armee verteidigten, Feuer löschten und sich für die polizeilichen Festnahmen entschuldigten. Das kollektive Gewinsel ›Keine Gewalt!‹ spukt noch immer in meinem Kopf.« (»The War at Home«, *MRR* Nr. 100, September 1991)

Dieser Autor weist den Pazifismus zurück, ohne dessen ganzes Spektrum an Einstellungen zu kennen. Er glaubt, dass der Pazifismus von einem »höheren Bewusstsein aus selbstgerechtem Puritanismus [verteidigt wird], das

Descendents, State College, Pennsylvania, '86

Wut und Spontaneität verbietet. Der Pazifismus basiert auf einer skla-
vischen Verehrung von Ikonen wie dem klassendiskriminierenden, diri-
gistischen, misogynen Gandhi. Er schafft eine farblose Masse von Möchte-
gern-Märtyrern, die ›widerspenstige‹ Lebensenergie wie den Tod fürchten.«
(»New World Order«, *MRR* Nr. 99) Obwohl ich diesem Urteil zustimme,
sollte der Autor doch daran denken, dass die Gesellschaft nicht durch das
eifrige Aufstellen von Regeln für den Protest verändert wird, sondern durch
richtige und zielgerichtete Anwendung bestimmter Taktiken. Manchmal ist
Gewalt notwendig, manchmal ist sie kontraproduktiv.

Die Tatsache, dass es in unserer Gesellschaft Gewalt gibt und dass dies falsch
ist, bringt viele Menschen dennoch nicht davon ab, Gewalt anzuwenden.
Die Vorstellung, dass Ziele nur mit gewalttätigen Mitteln erreicht werden
können, ist aber genauso gefährlich wie das von den Anarchisten vehement
bekämpfte Denken, dass die Macht »immer recht hat«. Pazifismus wegen
seines fehlenden Praxisbezugs als ein hohes, aber nutzloses Ideal abzutun,
entspricht genau den Vorwürfen, die auch an die Anarchie gerichtet werden.
Es sollte allerdings auch erwähnt werden, dass Punks, die Pazifismus ableh-

nen, bis jetzt – soweit mir bekannt – noch keinem Menschen einen größeren, folgenschweren Schaden zugefügt haben. In den frühen Achtzigern
kam es häufig zu Straßenschlachten mit der Polizei (und sie sind noch
immer keine Seltenheit), in der Regel durch ein abgesagtes Konzert oder
eine abgesagte Party provoziert. Punks haben sich bislang weder an einer gewalttätigen Revolution noch an politischen Mordanschlägen beteiligt – sie
sind mit Sicherheit nicht gewälttätig eingestellt, ganz gleich, was die Presse
behauptet. Erst seit kurzer Zeit hat Punk damit begonnen, sich auch für den
bewaffneten Kampf zu interessieren. Neuauflagen von Material über die
Rote Armee Fraktion (RAF), die **Angry Brigade**, die **Weathermen**, die
Black Panthers und andere Gruppen, die den bewaffneten Kampf gewählt
haben, wird in Fanzines regelmäßig besprochen. Seit diese Texte wieder eine
höhere Verbreitung gefunden haben und die mexikanische EZLN-Bewe-
gung populär geworden ist, wenden sich auch immer mehr Punks gegen die
pazifistische Ideologie. Bleibt zu hoffen, dass alle, die zur Unterstützung des
weltweiten Freiheitskampfes andere Mittel wählen, darauf gut vorbereitet
sind.

Während Gewalt gegen Menschen in Machtpositionen unterschiedliche Reaktionen hervorruft, ist Gewalt gegen Eigentum schon immer Bestandteil
der Aktionen von pazifistischen und nicht-pazifistischen Punks gewesen.

Christie
Front Drive,
Little Rock,
Arizona, '95

Direkte, auf Sachschaden ausgerichtete Aktionen dienen als Statement für gesellschaftliche Veränderung. Zur Durchsetzung ökologischer Ziele sind einige Punks auch zu Taten bereit, die als Vandalismus und Zerstörung von Eigentum angesehen werden. Die Medien berichten selten ausführlich über solche Aktionen oder erklären deren Hintergrund nicht ausreichend, so dass die Öffentlichkeit sie als Hooliganismus betrachtet. Niederländische Punks haben schon Shell-Tankstellen wegen ihrer Verbindungen zu Südafrika bombardiert. Punks in der ganzen Welt haben bereits Labore für Tierversuche und das Eigentum ihrer Betreiber zerstört. Außerdem wurden in vielen Ländern Werbetafeln so verändert, dass sie eine politische Bedeutung bekamen. Diese und viele andere Aktionen (gegen McDonald's, Banken und so weiter) werden alle als zielgerichteter Kampf gegen Unterdrückung angesehen. Pazifisten, um das noch einmal hervorzuheben, stimmen solchen Aktionen fast immer zu, da sich ihr Pazifismus nur auf Lebewesen erstreckt. Um den Golfkrieg zu beenden, hielten es viele Punks für sinnvoll, »materielle Kosten durch die Zerstörung von Eigentum und Spray-Propaganda zu erhöhen. Die militärischen Operationen mussten direkt behindert werden, etwa durch die Schließung von Rekrutierungs-Büros und durch Blockaden an den Stationen zur Waffenverschiffung. Das heißt, der unabwendbare Zusammenhang zwischen Krieg und unserer Gesellschaft mußte durch solche drastischen Aktionen bewusst gemacht werden.« (»New World Order«, *MRR* Nr. 100, September 1991)

Auch das Fanzine *Profane Existence* setzt sich gerne lautstark für die Zerstörung von Eigentum ein. In Leitartikeln wird oft zu Aktionen aufgerufen, im Nachrichtenteil werden entsprechende Vorfälle applaudiert. Herausgeber Dan beschreibt seine Teilnahme an den Kriegsprotesten in Washington folgendermaßen: »Als wir das übertrieben große und protzige Finanzministerium passiert hatten, fanden die ersten Aktionen statt. Als Steine durch die Fenster flogen und rote Farbe auf die Fassade klatschte, bekamen ein paar Steuerzahler eine frühzeitige Rückzahlung. Mit Geld kann man neue Fenster kaufen, aber keine noch so große Summe kann die Leben derer ersetzen, die für die Regierung und deren Kriege gestorben sind.« (Dan, *MRR* Nr. 95, April 1991)

Die Zerstörung von Eigentum wird nicht nur als politische Maßnahme angesehen – vielen Punks macht sie einfach nur Spaß. Die Einstellung von Punks in Sachen direkter Aktion ähnelt Gruppen wie Earth First. Das System zu unterlaufen und zu demontieren, ist ein elementarer Bestandteil von Punk. Und doch gehen die Aktionen selten in physische Konfrontation über, es sei denn, man trifft auf Skinheads oder die Polizei. Kein Thema steht wohl so sehr im Mittelpunkt von Songtexten und Demonstrations-Slogans, keines erfreut sich einer solchen Antipathie wie die Polizei.

»Ich schwöre bei Gott dem Allmächtigen: Ich hasse die Bullen.« (Punker in dem Filmklassiker *Decline of Western Civilization*) »Wenn ich jede Platte und jede Kassette, die ich besitze, durchginge, fände ich wahrscheinlich so um die tausend Anti-Bullen-Lieder von Bands aus den Bereichen Punk, Hardcore, Metal, Oi (Skinhead/Punk-Musik aus England) und Rap. Diese Abscheu, dieser Hass auf die Bullen ist im gesamten Spektrum jugendlicher Sub- und Gegenkultur zu finden. Die Polizei verkörpert alle Gründe, gegen Autorität zu sein: sadistischer, rassistischer, sexistischer, korrupter und feiger Abschaum.« (Felix, *PE* Nr.11/12, 10) Punks stimmen miteinander überein, dass die Polizei Abschaum ist. Polizisten sind bloß Bauernopfer und brutale Vollstrecker der Staatsmacht – sie haben auf keinen Fall Platz in einer selbstbestimmten, anarchistischen Gesellschaft. Für Punks sind Polizisten nichts anderes als »eine absolute Verschwendung von Steuergeldern, die keinen anderen Zweck verfolgt, als Nachbarschaften, Städte und die persönliche Freiheit zu terrorisieren« (Südkalifornische Band **Final Conflict**, LP *Ashes to Ashes*, Pusmort Records, 1986). Viele Bürger nehmen die Polizei in Schutz, da sie ja »nur ihren Job macht«. Wenn allerdings »den Job machen« bedeutet, jene zu belästigen und zu verprügeln, die der Autorität den Spiegel vorhalten, dann haben Polizisten von Punks keine Streicheleinheiten zu erwarten.

Auch wenn nicht jeder einzelne Polizist ein rassistischer und sexistischer Tyrann ist, können die »Guten« an einer Hand abgezählt werden. »Jeder auch nur halbwegs aufgeweckte Mensch sollte wissen, dass die städtischen Polizeitruppen auch noch an einem guten Tag aus unmenschlichen Arschlöchern bestehen, die sich in ihrer Macht über andere suhlen.« (»New World Order«, *MRR* Nr. 100, September 1991) Einige Punks reagieren auf ununterbrochene Belästigung durch die Polizei mit passivem Widerstand, andere sehen ihre Situation als Extremfall an, der den Einsatz von Gewalt rechtfertigt. Punks wurden schon in unzählige Zusammenstöße mit der Polizei verwickelt, die normalerweise mit Gewalt und Verhaftungen enden. Es sollte angemerkt werden, dass die europäische Polizei den Punks das Leben viel schwerer gemacht hat, als dies in den USA der Fall war. In Europa haben die Punks auch physisch zurückgeschlagen, um sich selbst oder ihre Häuser zu verteidigen. Und ab und zu haben sie gewonnen. In Südamerika sind Punks dagegen routinemäßig eingesperrt und in einigen Fällen sogar von der Polizei ermordet

NOFX, Berkeley, California, '92

worden. Selbst vegane Pazifisten unter den Punks bezeichnen die »faschistischen« Polizeitruppen oft als die einzige Ausnahme ihrer gewaltfreien Regel.

Anarchopunks betrachten Anarchie als Freiheit von Autorität und Diktaten, als einen Ort, wo Menschen ohne äußeren Zwang leben können. Polizei und sogar formale Gesetzgebung wären dort nicht notwendig. Viele Punks haben die anarchistischen Schriften von Bakunin, Goldman oder Kropotkin gelesen und für deren Verbreitung gesorgt. Zusätzlich haben sie die Werke von Zeitgenossen wie Noam Chomsky und Howard Zinn diskutiert und entdeckt, wie nahe sie der modernen Punkbewegung und ihren aktivistischen Zielen stehen. Einige selbsternannte Anarchopunks sind leider nicht an den Theorien des klassischen anarchistischen Denkens interessiert oder werden von deren scheinbar »intellektuellen« Aspekten abgestoßen. In einem Gespräch über das von **Crass** unterstützte anarchistische Zentrum in England sagte Steve Ignorant: »Ich ging zu ein paar Treffen und merkte, dass die Sprache, die dort benutzt wurde, nichts weiter als eine Zitaten-Sammlung von anarchistischen Autoren war, die vor hundert Jahren gelebt hatten. Ich dachte bei mir, dass jeder Punk, der dort zuhörte, kein Wort verstehen würde. Auf einmal verstand ich die Hierarchie sehr gut: Die Leute, die den meisten Proudhon oder wen auch immer gelesen hatten, saßen am ›Kopfende der Tafel‹. Für mich war das nichts anders als irgendeine Parteisitzung – Leute, die nur rumhocken und über das palavern, was Tote geschrieben haben.« (Steve Ignorant, *MRR* Nr. 62, Juli 1988)

Viele waren nicht in der Lage oder weigerten sich, etwas von dem zu lesen, was sie selbst so ausdrücklich empfahlen. Für sie beschränkt sich Anarchie oft nur auf Randale, Kampf mit der Polizei und Vandalismus – Wut und Zerstörung wurden zum Selbstzweck, ohne jegliche politische Bedeutung. Der *MRR*-Kolumnist, *Lookout*-Redakteur und Plattenlabel-Gründer Lawrence Livermore hat eine wütende Kritik auf solche Leute verfasst: »Alles jetzt und sofort zerstören? Jaah, tolles Feeling für einen altmodischen Punksong, aber vielleicht solltet ihr im Hinterkopf behalten, dass es 5 Milliarden Menschen auf diesem Planeten gibt, die Essen, ein Zuhause und Kleider brauchen. Und wenn ihr nicht wollt, dass die Regierung die Sache in die Hand nimmt, solltet ihr langsam mal überlegen, wie das erledigt werden kann. Wenn ihr die grundlegenden Strukturen der Gesellschaft abschafft (egal wie schlecht sie funktionieren), ohne zugleich Alternativen zu schaffen, werdet ihr Tod und Leiden in einer Größenordnung produzieren, gegen die der Nazi-Holocaust wie eine vegane Hippie-Party aussehen wird.« (Lawrence Livermore, *MRR* Nr. 76, September 1989)

Ein Großteil der Menschen hält Anarchie für indiskutabel, weil er das Chaos befürchtet. Er versteht allerdings nicht, was Anarchie ist, wenn er glaubt, die Abschaffung von Polizei und Regierung hätte nur Chaos zur Folge. Auch Anarchisten wissen, dass es kein plötzliches Verschwinden der Kontrollorgane wird geben können. Die Spekulation, ob der Alltag in einer anarchistischen Gesellschaft so aussehen würde wie das Chaos nach einem solchen plötzlichen Verschwinden der Macht, ist völlig sinnlos. Wenn die Regierungskräfte heute verschwänden, gäbe es Randale, Kriminalität, Mord und Zerstörung in einer Größenordnung, die noch extremer als die bereits bestehende wäre. Ein solches Chaos wäre allerdings keine Anarchie. »Die

Anarchie kann nur dadurch geschaffen werden, dass Menschen sich selbst verändern, um daraufhin andere Menschen durch Überzeugung zu ändern. Man kann niemanden zur Anarchie zwingen. Die Anarchie kann nur Realität werden, wenn Leute sich selbst kontrollieren – es geht um Verantwortung und darum, sich selbst Gesetz zu sein. Anarchie kann nur existieren, wenn Menschen anfangen, verantwortungsvoll zu handeln.« (Die schottische Band **Oi Polloi**, *MRR* Nr. 25, Mai 1985)

Der wichtige Punkt, der hier unterstrichen werden muss, ist dieser: Anarchie bedeutet mehr, als keine Gesetze zu haben. Sie bedeutet, keine Gesetze zu benötigen. Anarchie verlangt, dass Individuen sich verantwortungsvoll verhalten. Wenn Individuen in Frieden und ohne Zwang und Bestrafung leben können, wenn Menschen genügend Mut und Verstand haben, miteinander ehrlich und gleichberechtigt umzugehen, dann, und nur dann, wird Anarchie möglich sein.

Anarchopunks werden oft dafür kritisiert, nur eine ineffektive, zersplitterte Gemeinschaft darzustellen. Sie sind deshalb eine, weil Anarchisten Führern in ihrer Bewegung misstrauen. »Wir haben keinen Führer, weil wir keinen Führer wollen. Und das ist richtig, weil es unmöglich ist, ein Führer zu sein, ohne korrupt zu sein.« (Anonymer Leserbrief, *MRR* Nr. 71, März 1989) Die Idee, keinen Anführer zu haben, klingt so verführerisch, dass die ersten, die sie ausgesprochen hatten, selbst zu Führern wurden. **Crass** erging es nicht anders, als sie »in Häusern knallvoll mit anarchistischen Punks spielten, die alle unsere Lieder, Platten und Ideen auswendig kannten. Wir standen da oben und sagten ›seid Individuen‹ und führten doch nur einen Haufen von Mitläufern an. Es hieß nur noch ›**Crass** hat dies gemacht‹ oder ›**Crass** hat jenes gesagt‹ ...« (Steve Ignorant). Die Tendenz, Menschen mit bewundernswerten Ideen und Haltungen zu verehren und zu kopieren, hat auch in dieser Bewegung zu einer Stagnation in Sachen Offenheit und Meinungsfreiheit geführt. Zu viele Menschen geben sich damit zufrieden, nichts Originelles zu tun und nicht eigenständig zu handeln, obwohl sie sehr ehrenwerte Einstellungen und Ideale haben.

Zahlreiche Bands haben lauthals das Konzept der Individualität hinausposaunt – und fast alle lieferten dabei stereotyp dieselbe Botschaft in derselben Verpackung. Gibt es anarchistische Band zwischen 1980 und 1985, die keinen verbrannten Menschen, kein hungerndes Kind oder kein gefol-

March 27th 1999 10am-6pm

Forth Annual Bay Area
Anarchist Bookfair

THE MOST VIOLENT ELEMENT
IN SOCIETY IS IGNORANCE.

San Francisco County Fair Building
ninth ave & lincoln way in golden gate park
as always, admission is free

tertes Tier auf dem Plattencover hatte? Das Ziel war sicher, die Hörer durch Schockwirkung zu Aktionen zu bewegen. Bei dem Versuch, die Einheit der Bewegung nicht mit Uniformität zu verwechseln, ist jeder, der ein Führer zu sein behauptete, schwer kritisiert worden. So heißt es: »Sie versuchen sich als Führer zu behaupten. Sie stellen sich an die Spitze der Bewegung. Anstatt Ideologien zu bewerten, schauen viele einfach auf die Taten dieser ›Großschwätzer‹ und beurteilen die Gruppe nach den Taten der ›Führer‹. Die Führer jedoch versuchen nur ihre Egos zu etablieren: Sie vertrauen nur sich selbst und untergraben komplett die Gesamtheit der Gruppe.« (Skull, *AWITF*)

Im Versuch, weder einen allgemeinen Sprecher noch Anführer zu haben, entstand nicht immer die egalitäre, kooperative Atmosphäre, die Anarchisten doch gerne hatten fördern wollen. Derzeit haben wir es mit einer in Fraktionen gespaltenen, schwachen Bewegung zu tun, deren Flügel sich eher streiten, als miteinander zu arbeiten. Uneinigkeit über Ziele und Fragen danach, wen man in staatlich-dirigistischen Konflikten unterstützen soll, sind zwei von vielen Faktoren, die momentan die Gemeinschaft spalten. Gerade in Nordamerika scheint die Bewegung aus Mitgliedern zu bestehen, die keinerlei gemeinsames Ziel haben. Sie »ist in viele Splittergruppen unterteilt, die fast alle in sich geschlossen und thematisch spezialisiert sind. Jede kleine anarchistische ›Partei‹, wie man sagen könnte, kann oder will nicht mit irgendjemand zusammen arbeiten, der nicht so politisch korrekt wie sie selbst ist« (Dan, *PE* Nr. 2).

Doch die Situation in Großbritannien scheint auch nicht besser zu sein, auch wenn dort anarchistische Buchmessen zu den besonders bemerkenswerten Veranstaltungen gehören. »Schätzungsweise zwei- bis dreitausend Leute tauchen bei den Londoner Buchmessen auf. Aber die einzige Zusammenarbeit, zu der die Leute zu bewegen sind, besteht darin, dass sie ihre Waren gemeinsam in einer Halle verkaufen. Mehr geht nicht.« (Ramsey »the Rod« Kanaan, **Political Asylum**) Auch in San Francisco ist die Beteiligung an der mittlerweile jährlich stattfindenden anarchistischen Buchmesse ziemlich hoch. Jeden März kommen über 1000 Leute zusammen, um anarchistische und radikale Literatur auszustellen und zu kaufen. Der Einfluss, den Punk dort hat, ist offenkundig, sowohl bei den Aktivisten, die ihre Waren zur Schau stellen, als auch bei den Mitgliedern des Organisations-Komitees. Obwohl wenige der ausgestellten Produkte spezifisch Punk-Themen behandeln (es gibt auch keine Live-Bands), ist die Punk-Gemeinschaft mehr als nur gut repräsentiert. Punks können beim Versuch, die Probleme innerhalb der anarchistischen Fraktionen zu bewältigen, eine wichtige Rolle spielen, nämlich in dem Sinne, dass sie ein größeres Verständnis für die haben, mit denen sie arbeiten und von den Zielen, die erreicht werden sollen – aber auch deshalb, weil sie gerne aktiv werden und andere Segmente der Gesellschaft erreichen wollen. Andernfalls wären anarchistisch eingestellte Punks vom eigenen Verhalten und Versagen untereinander ja noch frustrierter als von der Gesellschaft, die sie verändern wollen.

»Wie jede andere politische Minderheit – sei es eine subkulturelle, wie Punk, oder eine echte politische Gruppierung, wie die trotzkistische Fraktion – haben Anarchisten die Tendenz, zu sehr nach innen zu schauen, zu selbstzentriert zu arbeiten, also ihre Zeit und Energie für Grabenkämpfe zu verschwenden, andere zu kritisieren und ihnen in den Rücken zu fallen. Es ist leichter, als großer Fisch für große Wellen in einem kleinen Teich statt für große Wellen in der großen, bösen Welt da draußen zu sorgen! Vielleicht sollten Anarchisten erst einmal versuchen, mit Menschen außerhalb ihres – unseres – Gettos eine Beziehung aufzubauen und Streitpunkte ansprechen, die wirklich das Leben der Menschen im Hier und Jetzt berühren ...« (Ramsey »the Rod« Kanaan, **Political Asylum**)

Das Vertrauen, das Punks und andere Aktivisten in die Anarchie haben, kommt daher, dass sie an Gleichberechtigung und an die Rechte aller Menschen glauben. Ihre Auffassung von Gleichberechtigung zeigt sich daran ganz deutlich, dass Punks sichtbar auf Sexismus, Homophobie, Rassismus und sogar auf die Diskriminierung einer Spezies reagieren. Genau diese Einstellungen werden gerne als schädlich, irrational und inakzeptabel verurteilt.

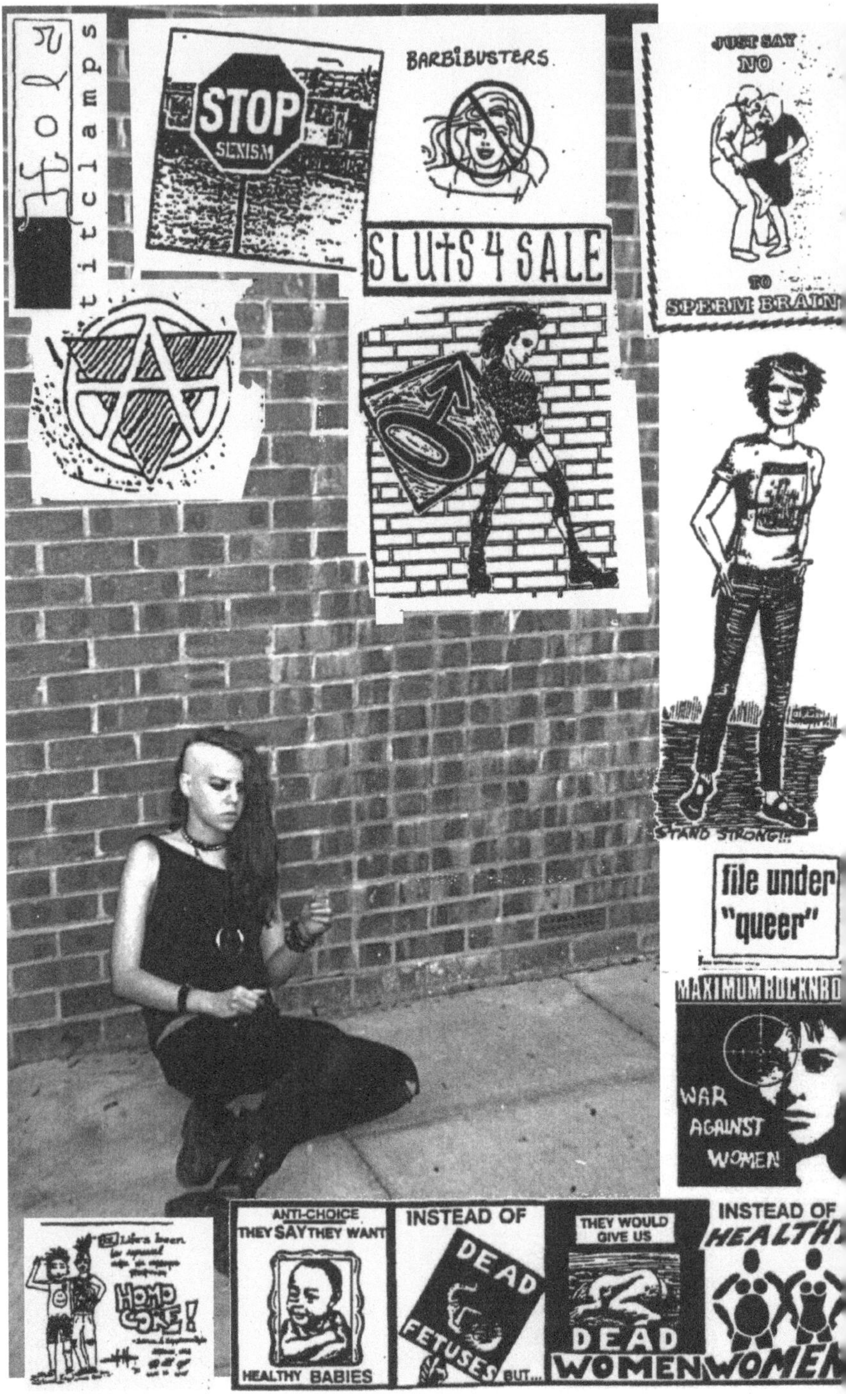

Holy titclamps
STOP
SEXISM
BARBIBUSTERS
SLUTS 4 SALE
JUST SAY NO
TO SPERM BRAIN
STAND STRONG!!!
file under "queer"
WAR AGAINST WOMEN
HOMOCORE!
ANTI-CHOICE
THEY SAY THEY WANT
HEALTHY BABIES
INSTEAD OF
DEAD FETUSES BUT...
THEY WOULD GIVE US
DEAD WOMEN
INSTEAD OF

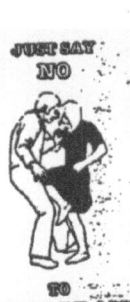

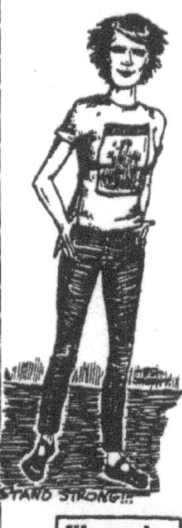

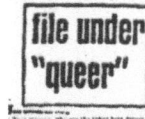

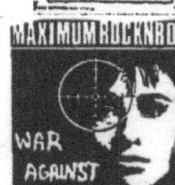

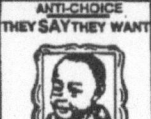

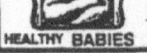

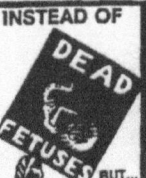

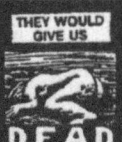

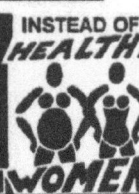

EINE FRAGE DES GESCHLECHTS

Sexismus, Feminismus und gelebte Homosexualität.

»Für mich ist die Art, wie Männer Frauen behandeln, ein passendes Beispiel dafür, wie die Welt im Moment läuft. Alles funktioniert besitzergreifend, alles basiert auf Angst und Unsicherheit ... Weibliche Tugenden sind für mich Vorstellungen, die mit Versorgen, Kreativität und Akzeptanz zusammenhängen. Im Gegensatz dazu stehen die männlichen Defekte, die aus Besitzen, Zerstören und Kontrollieren bestehen. Die ganze männliche Haltung und Herrschaft in der Gesellschaft hat uns an den Rand der Selbstzerstörung gebracht. Einer der Wege, da wieder raus zu kommen, bedeutet, nicht mehr auf dieser Ebene zu agieren, und aufzuhören, in unserer gegenseitigen Behandlung männlich zu sein.«

(Die kanadische Band NO MEANS NO, *MRR* Nr. 39, August 1986)

Die Punkbewegung lehnt Sexismus ab. Deshalb ist sie ständig damit beschäftigt, Leute aufzuklären, die als Neulinge mit all ihren festgefahrenen Stereotypen in die Szene kommen. Viele Punks haben sich gegen die Diskriminierung von Tieren, gegen Rassismus und gegen die Verbreitung von Nuklearwaffen und so weiter aufgelehnt und sich am Ende selbst widersprochen, wenn sie Sexismus praktizierten und akzeptierten. Bands bekommen oft heftige Proteste zu spüren, sobald sie sexistische Bilder und Texte verwenden. Das Problem ist in der Szene klein, aber beständig vorhanden. Fanzines und Vertriebe von Punk-Platten kommen manchmal nicht umhin, Platten oder Werbung ablehnen zu müssen, die offen sexistische Bilder oder Texte enthalten. Es kann nicht geleugnet werden, dass es Sexismus auch innerhalb der Punkszene gibt, aber er findet dort wesentlich seltener und auf geringerer Stufe als im Mainstream statt, und – was wichtiger ist – sein Aufkommen wird von vielen AktivistInnen sofort missbilligt und verurteilt. Damit verhält es sich also genau umgekehrt als in der Mainstream-Gesellschaft, wo Sexismus – abgesehen von Feministinnen und Feministen – selten verurteilt oder überhaupt diskutiert wird. Statt sich jedoch mit der Einstellung zu beschäftigen, die im Mainstream vorherrscht, ist es produktiver, die Ansichten der aktiven Mehrheit unter den Punks zu diskutieren, die für sich in Anspruch nehmen, antisexistisch eingestellt zu sein.

Frauen sind in der Szene von Anfang an aktiv gewesen. »In Los Angeles waren Bassistinnen um 1977 herum fast schon ein Muss – oft schien es so, als ob Frauen die Szene beherrschten und kontrollierten. Die Gleichberechtigung der Geschlechter war ein weiterer Bruch mit den traditionellen Stereotypen des Rock'n'Roll der vorherigen Generation.« (Craig Lee, *Hardcore California*, 20) Sharon Cheslow publiziert in San Francisco ein Zine mit dem Namen *Interrobang*, in dem sich eine ziemlich vollständige Liste von Frauen im frühen Punk findet. In der Punkbewegung haben Frauen versucht, aus ihrer normalerweise eingeschränkten Rolle herauszukommen und zu wichtigen und zentralen Akteurinnen der Veränderung zu werden. Auch männliche Punks haben den Begriff »Feminismus« nicht als »böses Wort« empfunden. Die Männer haben im Gegenteil oft in den Chor der Frauen eingestimmt, teilweise sogar die Stimmen der Frauen übertroffen, wenn es um die Verurteilung von Sexismus und um die Einsicht ging, dass Ziele und Ideen nur in einer kooperativen Atmosphäre formuliert werden können. Punks stimmen oft der einfachen, plausiblen feministischen Theorie zu, dass »ein System, das männliche Herrschaft erzwingt, sowohl Frauen wie Männern schadet. Ein solches System ist Teil eines Ganzen, das Rassismus, Klassendiskriminierung, Heterosexismus und sämtliche Formen der Unterdrückung fortbestehen lässt« (LP-Compilation *PEACE*, Booklet, R Radical Records, 1984, 11). Die gesellschaftliche Zielsetzung des Patriarchats besteht darin, Männer und Frauen in die Stereotype »stark« und »schwach« zu unterteilen. Frauen werden als das »andere« der beiden Geschlechter angesehen, und Männer bilden dabei das Leitbild. Diese Einstellung erleichtert es, Macht zu akzeptieren (oder, für Frauen, diese abzugeben) und Herrschaft über das »andere« auszuüben.

Die Macht oder Stärke von Männern scheint auf ihrer offenkundigen Fähigkeit zu gründen, unemotional, »hart« oder ernsthaft aufzutreten. »Männer werden dazu erzogen, ihre Emotionen zu unterdrücken und nicht zu weinen. Durch diese Erziehung lernen sie die Notwendigkeit der Verantwortung nicht kennen und schätzen die nächste Generation gering. Emotionen, zärtliche Gefühle, die Sorge um Mitmenschen und um die, die in Zukunft geboren werden, werden als Belanglosigkeit abgetan ...« (so die LP-Compilation *PEACE*). Natürlich sind auch Männer fähig, sensibel zu denken, so wie sich auch Frauen unsensibel verhalten können. Aber der fortwährende Prozess der Gehirnwäsche und der Konditionierung trägt dazu bei, Stereotype gegen eine positive Veränderung zu verstärken. »Sich gegenüber den eigenen Emotionen zu verschließen, kann der Machtposition von Männern dienlich sein. Offen zu sagen, wie man sich fühlt, kann einen verletzlich machen und eine offene Flanke bieten. Männer umgehen dadurch, dass sie den Mund halten, unterschwellige Spannungen und ignorieren zugleich ihren Beitrag dazu, solche Spannungen überhaupt erst entstehen zu lassen.« (Die englische anarchistische Band **Chumbawamba**, *Threat By Example*, 29)

In der Regel wollen Männer ihre Macht nicht abgeben. Deshalb versuchen viele Frauen, Macht zu erwerben, indem sie stereotype männliche Eigenschaften übernehmen. Feminismus, wie er von Punks verstanden wird, schließt aber ganz klar aus, Frauen zu applaudieren, die sich zum männlichen Stereotyp der Härte hocharbeiten (oder zu ihm abrutschen). Frauen, die im Golfkrieg kämpfen, Politikerinnen wie Margaret Thatcher und Frauen, die in multinationalen Konzernen Macht und Anerkennung erlangt haben, sind alles andere als ein Vorbild.

Die gegenwärtige Desorganisation mitsamt den Katastrophen auf unserem Planeten lässt sich auf männliche Stereotype zurückführen, auf einen aggressiven und alles andere als fürsorglichen Umgang mit Problemen. Warum haben Frauen in diese Entwicklung niemals korrigierend eingegriffen? Sie haben es hin und wieder versucht, meist aber werden sie durch die eigene Konditionierung gehemmt. Zahlreiche Gründe sorgen dafür, dass viele Frauen die Dinge, wie sie sind, gar nicht ändern wollen. »Ich erinnere mich an Mädchen im Gymnasium, die fest davon überzeugt waren, dass es schlecht sei, einem Jungen die eigene Klugheit zu zeigen ... Frauen mussten klein sein, Titten haben, langsam wirken, keine starke Persönlichkeit haben, liebenswürdig erscheinen, keine Meinung haben und sich wie eine Nutte kleiden ...« (Cecilia, »Exterminate Airheads«, *MRR* Nr. 61, Juni 1988) Stereotype sind langlebig. Fanzines wie *Punk Parents*, *Hip Mama* und *The Future Generation* beschäftigen sich daher mit Kindererziehung jenseits von Stereotypen. Den Jungen werden Puppen zum Spielen gegeben, die nichts mit den typischen »G. I. Joe«-Soldatenpuppen oder den aggressiven Heldenfiguren gemeinsam haben. Mädchen werden ermuntert, sowohl mit Spielzeugautos und -werkzeugen als auch mit Puppen zu spielen. Für viele Punk-Eltern beginnt allerdings die Enttäuschung, sobald ihre Kinder in die Schule kommen (obwohl viele Eltern sich aus offensichtlichen Gründen dafür aussprechen, falls möglich, zuhause zu unterrichten) und auf Konformität konditioniert werden, und sei es nur für wenige Jahre.

Viele Fanzines haben sich neben Musik und Politik auch mit Feminismus beschäftigt, doch erst jetzt sind einige entstanden, die sich ausschließlich Frauenthemen widmen. *Riot Grrl* (Fanzine, Verlag und Vertrieb gleichen Namens) aus der Region Washington D.C. wird von jungen Frauen vor allem für junge Frauen betrieben. Sie machen Informationen über vergangene und aktuelle Frauenbewegungen zugänglich (ähnlich wie es die anar-

Indigo Girls
& Freundinnen,
Chiapas,
Mexico

chistischen Fanzines auf ihrem Gebiet tun), schreiben über den weiblichen Körper, geben Gesundheitstipps, beschäftigen sich mit gesellschaftlicher Veränderung und geben ihrer Wut und Frustration ein Forum.

»Ich bin hier, und ich fühle mich wohl dabei, in die Welt hinaus zu gehen, so wie es mir gefällt. Ich werde mich wohl dabei fühlen, mich zu bewegen, wie ich will, wohin ich will und wann ich will ... Ich werde die Stärke und die Wut, die ich fühle, herausschleudern, bereit und fähig zum Widerstand, sollte ich in einen Streit geraten ... Mir macht es keinen Spaß, wegen meines Geschlechts ausgelacht und als Objekt, nicht als freies, denkendes Wesen, angesehen zu werden. Ich provoziere keine Übergriffe, nur weil ich an einem Ort existiere, der rechtmäßig mir gehört: die Welt.« (Ne Tantille, *Riot Grrl*, 1991)

Die Riot-Grrl-Bewegung ist in den letzten Jahren stark gewachsen. Wunderschön gestaltete Bücher wie *Angry Women* und mit hoher Auflage verbreitete Fanzines wie *Bitch*, *Bust* und *Girl Frenzy* haben nicht nur von der jugendlich-weiblichen Selbstermächtigung profitiert, sondern auch geholfen, sie vorwärts zu treiben. Die Feuilletons der großen Zeitungen wie *New York Times*, *USA Today* und *Newsweek* sowie trendige Mode- und Musikmagazine für Teenies haben diese Frauen, ihre Bands und ihr Aussehen für sich entdeckt und sie ins Rampenlicht befördert. Auch wenn die Szene dadurch unter denselben Problemen leidet wie jede andere, die plötzlich zu wachsen beginnt – nämlich unter Verwässerung, Konformität, Oberflächlichkeit und dem Phänomen, für viele nur »vorübergehende Phase« zu sein – bleibt die von ihr propagierte weibliche Selbstermächtigung eine großartige Sache. In der Punkbewegung nehmen Frauen wie Männer die Probleme ernst, mit denen Frauen in der Welt konfrontiert sind. Deshalb bemüht sich die Szene, enstprechende Phänomene der Mainstream-Kultur aus ihren eigenen Reihen auszuschließen. Die großen feministischen Bewegungen haben das Selbstwertgefühl der Frauen zum Glück schon gesteigert. »Das Gefühl, dass die Machtbalance aus dem Gleichgewicht geraten ist, hat absolut nicht zur Folge, dass ich mich als Frau weniger wert fühle als ein Mann. Ich kenne keine Frau, wo auch immer, die sich wirklich als minderwertiges Wesen sieht.« (**Chumbawamba**, *Threat By Example*, 29) Von solchen Äußerungen ausgehend, haben die Frauen die Sache selbst in die Hand genommen und den Männern gezeigt, dass sie gleichwertig sind. Feministinnen, die einfach

darauf warten, dass Männer ihre Einstellung von sich aus ändern werden, können noch sehr lange warten. In einem Essay über Sexismus hat ein Mann diesbezüglich einen interessanten Punkt angesprochen: »FeministInnen, egal welchen Geschlechts, jammern oft darüber, dass Männer anscheinend unwillig oder unfähig sind, ihre traditionellen Verhaltensmuster aus eigener Kraft heraus zu ändern. Obwohl es ketzerisch klingen mag, ist es doch wert, einmal zu fragen, warum sie dies überhaupt tun sollten. Weil es richtig ist – ja, natürlich –, doch die meisten Menschen ändern sich nicht aus rein moralischen Gründen, sondern nur dann, wenn eine Veränderung ihren eigenen Interessen entgegenkommt. Solange Männer mit ihrer Aggressivitiät, ihrem Chauvinismus, ihrer Rohheit und sogar mit ihrer Gewalt von Frauen das bekommen, was sie wollen – oder von dem sie glauben, dass sie es wollen –, werden sie sich weiter so benehmen.« (EP-Compilation *Sign Language*, Allied Records, 1991)

Die Frauen im Punk haben darauf längst reagiert und zeigen

Bikini Kill, San Francisco, California, '94

den Männern, dass sie mit ihnen nicht umspringen können, wie sie wollen. Diese Frauen »ändern« sich selbst. Ich schreibe dies in Anführungszeichen, weil es sich ja nicht wirklich um eine Veränderung handelt: Diese Frauen verhalten sich lediglich unverstellt und selbstbewußt, während die Anpassung ans Stereotyp mit einer viel größeren Veränderung verbunden ist. Alle Heranwachsenden kennen den scheußlichen Druck, sich über Benehmen und Aussehen an eine bestimmte Norm anpassen zu müssen, obwohl es doch viel einfacher ist, sich auf natürliche Art und Weise zu benehmen. Die Macht gesellschaftlicher Konditionierung bringt allerdings mit sich, dass uns das Einfachste am Ende schwieriger als die Norm geworden ist. »Ist es nicht idiotisch, erst zu behaupten, dass Männer uns unterdrückt haben, um schließlich darauf zu bestehen, dass die Männer ihre Vorstellungen ändern und uns BEFREIEN müssen? Mädchen müssen aufhören, sich wie Dummerchen zu benehmen. Ich weiß, dass es hart ist, es war auch für mich nicht leicht ...« (*Cecilia*, MRR Nr. 61)

Vor Jahren richtete *MRR* eine Rubrik ein, die sich ausschließlich mit Frauenthemen befasste und nur aus Beiträgen von Leserinnen bestand. Dort wurde oft die These vertreten, dass Frauen die Mitverantwortung für Sexismus übernehmen und versuchen müssen, ihre eigene Einstellung zu ändern. »Es nervt, dass sich Frauen angesichts der ganzen von ihnen ausgehenden Scheiße nicht einmal selbst mäßigen. Zum Teil liegt das wohl an der vorherrschenden Meinung, dass wir Frauen nichts mit dem existierendem Sexismus zu tun haben, weil wir ja die Opfer sind. Ich sehe jedoch keine Gleichberechtigung, solange wir uns ihr nicht selbst stellen.« (Suszanne Bartchy, MRR Nr. 104, Januar 1992) Oder noch stärker: »Es ist schwer, die halbe Weltbevölkerung zu unterdrücken, wenn nicht irgendwann die andere Hälfte ihre Unterdrückung zugelassen hätte.« (Lali, MRR Nr. 104) Lali ist mit Sicherheit keine Studentin der Geschichte oder der Klassenkämpfe, und doch läßt sich ihr Gedanke, dass jeder Mensch sich seinen Unterdrückern selbst widersetzen muß, nachvollziehen. Frauen aus der Punkbewegung haben wenig für andere Frauen übrig, die dem Mainstream geflissentlich folgen und sich den gesellschaftlichen Stereotypen anpassen. Frauen, die sich auf eine ganz bestimmte Art anziehen und verhalten, um damit Männern zu gefallen, Frauen, die ihr Selbstbewusstsein dadurch stärken, von Männern akzeptiert zu werden, wird eine Mitschuld angelastet.

Auch Verhalten, das nicht offensichtlich negativ ist, kann auf Unterdrückung basieren. So dient zum Beispiel eine besonders wohlmeinende Behandlung von Frauen oft nur dazu, das Stereotyp zu verstärken. »Sexismus beginnt dort, wo jemand auf eine andere Ebene gestellt wird (ein Sockel passt auch zu dieser Beschreibung, meine Herren) ... Betrachtet mich also weder als eine schwächere Kraft noch verehrt mich als fremdes, ungreifbares, geheimnisvolles, atmendes und sanduhrförmiges Wesen. Beide Sichtweisen erniedrigen mich ...« (Claire Slow Drain, *MRR* Nr. 103, Dezember 1991)

Beispiele für eine solche völlig irreale Verehrung der Frau lassen sich bei einigen modernen ökologischen und sozialen Bewegungen finden, vor allem im Ökofeminismus. Ich bin schon bei verschiedenen Lesungen mit der Theorie einer besonderen Verbindung zwischen Frau und Natur – »Naturfeminismus« genannt – konfrontiert worden. Nach dieser Vorstellung stehen Frauen stärker mit der Natur im Einklang und neigen deshalb eher als Männer dazu, sich über die Umweltzerstörung Sorgen zu machen. Ich will weder die Freuden und Schmerzen der Geburt noch die Schmerzen der Menstruation bagatellisieren, aber ich sehe zwischen ihnen und einer solchen echten Sorge um die Umwelt keinen Zusammenhang. Mag sein, dass Mütter oft eine stärkere Bindung zu ihren Kindern haben als Väter, oder dass sie eher bereit sind, ihre Kinder vor Gefahr zu beschützen (wohl ein Ergebnis der patriarchalen Gesellschaft, in der die Mutter verpflichtet ist, mehr Zeit mit ihrem Kind zu verbringen als der Vater), doch die Theorie der Ausdehnung dieses Gefühls zu einer Einheit mit »Mutter Natur« überzeugt mich absolut nicht. Frauen innerhalb der Punkszene haben bereits kritisiert, dass die Vorstellung von einer solchen Einheit in »die Richtung eines ›durchgeknallten‹ Hippie-Okkultismus im Sinne von ›mystischen Frauenkräften‹ geht. Ich habe an mir noch keine wundervollen und mystischen Fähigkeiten festgestellt, die direkt mit meiner Fähigkeit zu gebären und zu menstruieren zusammenhängen« (Lali, *MRR* Nr. 104). Unser Ziel sollte es sein, unsere Menschlichkeit als etwas Bezauberndes zu begreifen und entsprechend zu feiern, nicht aber, uns oberflächlichen New-Age-Heilserwartungen zuzuwenden.

Ein Thema, dem hier noch keine große Aufmerksamkeit gewidmet wurde, ist die Frage der Abtreibung. Die Punkbewegung spricht sich diesbezüglich

weitestgehend für eine freie Wahlmöglichkeit aus. Der Wille, mit der fort-
während en Unterdrückung von Mensch und Umwelt zu brechen, beinhaltet auch, die wenigen Freiheiten zu schützen, die das System uns zugesteht,
seien sie auch noch so temporär und klein. Nur selten hat sich bislang eine
Band gegen legale Abtreibungen ausgesprochen – wenn dies geschah, wurde
sie stark kritisiert. Unabhängig von medizinischen und religiösen Argumenten, die mit dem Thema Abtreibung einhergehen, respektieren Punks
das Recht jeder Frau, sich in dieser Frage selbst zu entscheiden.

Abtreibungen sollten nicht nur legal sein, sie sollten auch, falls nötig, sub-
ventioniert werden. »Die Fraktion, die sich gegen die Wahlmöglichkeit aus-
spricht, will die staatliche Finanzierung von Abtreibungen stoppen. Sie will
nicht, dass ihre Steuergelder für etwas verwendet werden, dem sie nicht zu-
stimmen. Also ehrlich gesagt habe auch ich nicht gewollt, dass meine Steuergelder für die Bomben und Kugeln verwendet wurden, die Zivilisten in
Panama töteten. Von einem kalten wirtschaftlichen Standpunkt aus gese-

hen, ist es billiger, eine Abtreibung zu bezahlen, als die fällige Sozialhilfe, die Lebensmittelkarten und das Wohngeld für ein ungewolltes Kind zu finanzieren.« (Beth Robert, »Pro Choice for a Reason«, *Assault With Intent to Free* Nr. 8, April 1990) In Übereinstimmung mit vielen anderen aktiven liberalen, radikalen Menschenrechtsbewegungen betrachten Punks die Abtreibung als eine Freiheit und ein Recht, das nicht abgeschafft werden sollte.

Das folgende Zitat und sein Schlusssatz hätten auch im Kapitel über Ökologie stehen können. Ich habe mich aber entschieden, das Zitat hier einzufügen, weil die angesprochenen Ideen dem Ökofeminismus sehr nahe stehen. Ideen wie der Anthropozentrismus (ein großes Wort – es bedeutet, den Wert der Welt im Verhältnis zu ihrem Nutzen für die menschlichen Bewohner zu definieren oder zu interpretieren) oder der der Natur innewohnende Wert werden später behandelt.

»Veränderungen werden nicht von ›professionellen‹ Organisatoren oder Experten bewirkt. Sie werden von ganz normalen Menschen herbeigeführt, die Mitgefühl zeigen, kooperativ sind und sich gegen Rassismus und Sexismus, gegen die Zerstörung der Umwelt und gegen den Terrorfeldzug auflehnen, mit denen dieser Planet vernichtet wird.« (David Spanner von der kanadischen Band **D.O.A.**, EP *Right to Be Wild*, 1983)

Gerry Hannah (oder Gerry Useless) war in den späten 70ern Mitbegründer der Punkszene von Vancouver. Seine Band, die **Subhumans,** veröffentlichte zahlreiche Platten mit inspirierter, aggressiver Musik und intelligenten sozialpolitischen Texten. Die **Subhumans** spielten damals bei »verschiedenen Benefizkonzerten gegen Atomwaffen und für die Guerilla in El Salvador. Sie spielten bei ›Rock gegen Reagan‹ zu dessen Amtsantritt, bei ›Rock gegen Rassismus‹ zur Unterstützung der Pontiac-Brüder (Gefangene in Michigan, die wegen der angeblichen Tötung von dem Ku Klux Klan angehörigen Wärtern angeklagt waren) und dem anarchistischen Konzert ›Smash the State‹« (David Spanner, EP *Right to Be Wild*). Gerry glaubt daran, dass Taten mehr als Worte sagen. 1983 wurden er und vier andere (bekannt als die »Vancouver Five«) festgenommen. Ihnen wurde zur Last gelegt, »ein umstrittenes neues Wasserkraftwerk, das von Umweltschützern bekämpft wurde, bombardiert zu haben. Sie hätten auch eine Fabrik, die die Steuerungssysteme für die ersten offensiven Cruise Missiles produzierte, mit Dynamit angegriffen sowie drei Sexshops mit Benzinbomben zerstört, weil dort Videos verkauft wurden, die sexualisierte Gewalt, Folter und Verstümmelung von Frauen zeigten.« (David Spanner, EP *Right to Be Wild*) Manche mögen diese Taten als terroristisch ansehen, für andere sind sie heroisch. Es ist wichtig zu bedenken, warum die Fünf sie begangen haben: Wenn der Zweck die Mittel heiligt, dann können diese Taten als gerecht und sogar als Pflicht angesehen werden.

Die sehr populäre und rockige Punkband **D.O.A.** veröffentlichte eine Benefizsingle, auf deren Cover ein Brief von Gerry abgedruckt war, in dem er seine Haltung erklärte. Er rechtfertigte die Durchführung von direkten Aktionen als das beste und vielleicht einzige Mittel, das zur Verfügung stehe, um Veränderungen herbeizuführen. Gerry kritisierte alle, die politisch bewusst leben und zugleich darauf vertrauen, dass sich »die Zivilisation mit der Zeit von alleine zu einer wundervollen Utopie entwickeln wird. Mit der Zeit und von alleine wird sich die Zivilisation viel eher zu einem unangreifbaren Polizeistaat entwickeln, oder sie wird sich komplett selbst durch einen Atomkrieg oder die Vergiftung der Umwelt ausradieren.« (Gerry Hannah, EP *Right to Be Wild*) Weiterhin kritisiert er die anthropozentristische Einstellung und stellt eine Verbindung zwischen ihr und dem Sexismus her.

»Die Männer unter uns müssen erkennen, dass wir weiterhin unterdrückerisch und beherrschend sind, ganz egal, was auch immer wir von uns den-

Kamala,
Cringer,
New York
City, '91

ken ... Wir weigern uns, die so genannten ›femininen‹ Aspekte unserer Persönlichkeit, zum Beispiel Mitleid, Sensibilität und Zärtlichkeit, zu erkennen und anzunehmen. Stattdessen unterstreichen wir ganz bewußt die negative, so genannte ›männliche‹ Neigung zu Aggression, Konkurrenzdenken und Arroganz. Es gibt eine direkte Beziehung zwischen dieser Neigung und fast allen ernsthaften Problemen, die wir haben.« (Gerry Hannah, EP *Right to Be Wild*)

Hier zieht Gerry eine direkte Verbindungslinie zwischen stereotyper männlicher Naturbeherrschung und der Unterdrückung von Frauen. Das Zusammendenken beider Phänomene und ihr unterdrückerisches Ergebnis bilden auch die Grundlage des Ökofeminismus. Solange der Sexismus nicht als grundlegendes Problem angesehen wird, »sind all unsere Bemühungen um eine positive Veränderung heuchlerisch und auf traurige Art und Weise mangelhaft« (Gerry Hannah, EP *Right to Be Wild*). Es ist falsch, sich nur dem Kampf gegen eine Form von Unterdrückung zu stellen oder mit ihm übereinzustimmen. Alle Kriegsschauplätze sind grundlegend miteinander verknüpft. »Nur wenn wir unsere gefährliche und trostlose Situation und ihre Ursachen als Ganzes verstehen, und nur dadurch, dass wir eine radikale Einstellung zugunsten ihrer Veränderung einnehmen – inklusive der wesentlichen Konzepte Anarchismus, Feminismus und Ökologie –, können wir hoffen, die Ketten der Unterdrückung zu sprengen, die uns und diesen Planeten fesseln.« (Gerry Hannah, EP *Right to Be Wild*)

Doch auch wenn der Sexismus bereits von vielen als wild wucherndes und dominierendes gesellschaftliches Problem erkannt worden ist, wird ein weiteres Problem nicht unbedingt in demselben Maße als solches erkannt. Die Rede ist von Heterosexismus – oder Homophobie –, einem Phänomen, mit dem sich viele Menschen, einschließlich Frauen, bisher nicht beschäftigt haben. In der Punkbewegung ist Homosexualität von Anfang an ein sichtbarer Bestandteil gewesen. Angesichts der zunehmenden Feindseligkeit gegenüber Homosexuellen ist eine Kontroverse entstanden, aufgrund derer das Thema auch vom Rest der Gesellschaft nicht mehr ignoriert werden kann.

>>**Punk.** Umgangssprache. Nomen. 1) Unerfahrener oder gefühlloser Ju-
gendlicher 2) Junger Halbstarker 3) Passiver, homosexueller Lustknabe ...
Da sieht man's wieder. Punks sind also auch Schwuchteln.<<

(G.B. Jones und Bruce LaBruce, *Homocore* Nr. 7, Winter/Frühjahr 1991)

Die Punkbewegung wird weitgehend von Leuten getragen, die sich selbst in
irgendeiner Form als vogelfrei oder als Außenseiter betrachten, sei es dank
ihrer physischen Erscheinung, ihrer Kleidung oder ihrer politischen Ansichten. Zunehmend erheben sich jedoch auch Stimmen, die besagen, dass es
bei vielen die sexuelle Neigung ist, die ihre Nonkonformität und Ablehnung gegenüber der Mainstream-Gesellschaft bedingt. Es gab schon
>>Punks<<, als Punk noch keine wirkliche Bewegung mitsamt ihren Platten
und Fanzines war. Bereits in den Fünfzigern wurden >>junge Knaben im
Gefängnis >umgedreht< (das heißt herangezogen, um den sexuellen Wün-

Whorehouse of Representatives, Pueblo, Colorado, '95

schen anderer Häftlinge zu dienen). Sie wurden ›Punks‹ genannt.« (Jones/ LaBruce) Mitte der 70er haben Punks in New York und anderswo ihre besondere Art, sich zu kleiden, aufgegriffen, ebenso ihre Haltung und ihren Widerwillen gegen jede Autorität. Die Punks der ersten Generation eigneten sich dieses Image an, sahen aus wie verruchte Kleinkriminelle und trugen eine sexuell nonkonforme Mehrdeutigkeit zur Schau, die sich über Jahre erhalten hat.

Donald Cory veröffentlichte 1955 ein Buch, das beschrieb, was es hieß, zu jener Zeit in den USA offen schwul oder lesbisch zu sein. *The Homosexual in America* mag in vielerlei Hinsicht veraltet sein, vermittelt aber bis heute einen Eindruck von der Anziehungskraft, die davon ausgeht, Punk und homosexuell zu sein, also eine Verbindung zwischen beidem herzustellen. Vergleichbar mit der Situation der Punks, »ist sich der Homosexuelle der fehlenden gesellschaftlichen Akzeptanz und der daraus folgenden sozialen, wirtschaftlichen und anderen Schwierigkeiten schmerzlich bewusst. Durch jeden Moment von Verdruss, jedes Beispiel der Demütigung, jeden Akt der Abweisung erwacht in ihm ein rebellischer Geist, der selten feindlich gegen die Gesellschaft als solche eingestellt ist, sondern nur gegen die unangenehmen und ungerechten Einstellungen innerhalb der Gesellschaft.« (Donald Cory, »From Handicap to Strength«, in: *Man Alone*, 420)

Es kann Homosexuellen nicht darum gehen, die eigene Entfremdung zu akzeptieren, als vielmehr die Gründe für sie zu erforschen und andere Beispiele von Entfremdung und Unterdrückung außerhalb des eigenen Bereiches zu suchen. Laut Cory erzeugt »die Tatsache, dass man ein Unberührbarer ist, Solidarität mit und Verständnis für andere Gruppen, die sich in exakt derselben Position innerhalb der Gesellschaft befinden.« Dieses Gefühl von Solidarität ist der Schlüssel dafür, dass Punks beispielsweise Frauenrechte, Bürgerrechte und in Notlage befindliche Ureinwohner gleichermaßen unterstützen. In dem Maße, in dem sich junge Homosexuelle als Bilderstürmer, Zweifler und Rebellen gegen Unterdrückung und Entfremdung selbst bestimmen, werden sie in unserer Gesellschaft häufig mit Punks identifiziert.

In einer Passage geht Cory darauf ein, wie aufgeschlossen die homosexuelle Szene ist. »Homosexuell« könnte hier problemlos auch mit »Punk« wiedergegeben werden. »Viele meiner homosexuellen Freunde fechten jede Lehre, ganz egal, wie heiß sie auch geliebt wird, an. Kein neuer Gedanke, gleichgültig, wie absurd er erscheinen mag, der nicht einer Bewertung unterzogen wird. Ob man über Politik diskutiert, über Medizin, Philosophie oder Literatur, egal wie weit entfernt dies von der Welt des Sexus ist [oder im Fall von Punk: der Musik], stets geht der oder die Homosexuelle mit einem Geist daran, der ungewöhnlich fragend und skeptisch ist.« (Donald Cory, »From Handicap to Strength«)

Die meisten Homosexuellen, auf die Corys Beschreibung zutrifft, sind heute gegenüber der Gesellschaft nicht mehr allzu feindlich eingestellt, sondern glauben daran, dass deren Ungerechtigkeit bald verschwunden sein wird. Eine gewisse Scheinakzeptanz gegenüber dem homosexuellen Lebensstil hat viele von Corys »rebellischen Geistern« in den Schlaf gewiegt. Der homosexuelle Mainstream kann in Sachen Kleingeistigkeit längst mit dem Rest der Gesellschaft mithalten. Punks befinden sich diesbezüglich in einer Zwickmühle und müssen sich ständig sowohl vom hetero- wie auch vom homosexuellen Mainstream distanzieren.

Unter homosexuellen Punks ist deshalb die Vorstellung weit verbreitet, dass sich die Bewegung hat kaufen lassen und damit weitestgehend bedeutungslos geworden ist. »Der gegenwärtige Zustand der Schwulen-›Bewegung‹ ist ein riesiger Witz, es gibt nichts Gutes über sie zu sagen ...« (Jones/LaBruce) Schwule Punks wissen einige böse Dinge über sie zu berichten. Anstatt sexuelle Gleichberechtigung zu propagieren, herrscht auch innerhalb der schwulen Szene eine latente Frauenfeindlichkeit vor, »die schwuler (männlicher) Kultur gegenüber der lesbischen (weiblichen) den Vorzug gibt« (Jones/LaBruce). Es ist seltsam, selbst noch im Bereich gleichgeschlechtlicher Beziehungen männliche Dominanz vorzufinden, aber in jeder Großstadt zeigt der Besuch von Buchläden, Bars und Geschäften, die von Schwulen betrieben werden, dass dort der Mann im Mittelpunkt steht.

Schwule Punks haben nicht vor, solche Fehler zu wiederholen. »Es gibt Möglichkeiten, sich der Anpassung an bestehende gesellschaftliche Verhältnisse zu verweigern, zum Beispiel, indem wir uns den Verhaltensmustern von sexuellem Anstand und Moral verweigern, die selbst noch von den rebellischsten Jugendlichen erwartet werden. Gleichzeitig müssen wir all die Gettoisierung, liberale Anpassung und die Kompromisse vermeiden, die die Schwulenbewegung in Kauf genommen hat. Genau darum geht es

Homocore, einer Bewegung, die aus einem schwulen Softcore-Pornomagazin für Punks hervorgegangen ist.« (Jones/LaBruce)

Die von Schwulen und Lesben aus der Punkszene herausgegebenen Fanzines bemühen sich, vor allem Mainstream-Schwule/Lesben anzusprechen, also hauptsächlich den »angepassten Mann«. »Die meisten so genannten Schwulen sind nichts weiter als Pullover tragende Idioten, die sich für 40 Dollar die Haare schneiden lassen. Diese Typen aus dem schwulen Harmoniechor werden trotz allem nach Hause in die Vorstadt fahren und reicher werden, als ein Familienvater es je zu hoffen wagt.« (Larry-Bob, Redakteur, *Holy Titclamps* Nr. 6, Herbst 1990) Gerade deshalb versuchen schwule Punks zu zeigen, dass »nicht jeder Homo ein ›Angepasster‹ ist, also jemand, der zwar schwul ist, aber Teil der Mainstream-Kultur sein will; einer, der denkt, dass ›Gleichberechtigung‹ bedeutet, Frauen und Homos in der Armee dienen zu lassen und ihnen das Recht auf einen lebenslangen Scheißjob zu geben; einer, der denkt, dass Freiheit die Wahl zwischen Coke, Pepsi und Seven-Up ist.« (Tom Jennings, Redakteur, *Homocore* Nr. 7)

Schwule Punks müssen notgedrungen wie ein zweischneidiges Schwert agieren, denn sie zerschneiden die Stereotype zweier Welten. Was ihre Sexualität betrifft, sind sie meist laut, stolz und offen. Larry-Bob ruft Punks dazu auf, potenzielle Homosexuelle (die ansonsten vom Mainstream geschluckt würden) gerade dadurch aufzurütteln, sich selbst so offen schwul wie nur möglich in Szene zu setzen: »Jedesmal, wenn du deinen gleichgeschlechtlichen Schatz im Einkaufszentrum küsst und dir dabei irgendein Kind zusieht, bedeutet dies, einen weiteren Schritt aus der Korruption in Richtung Sieg zu gehen. Also: küssen!« (Larry-Bob) Er schlägt vor, »reisende Freakshows« von Stadt zu Stadt ziehen zu lassen und mit Bondage-Klamotten in möglichst jedem nur erdenklichen Familienrestaurant Station zu machen. »Ein schwuler, gesellschaftlich noch nicht konditionierter Prä-Teen hätte so die Chance, endlich mal einen ›echten‹ Schwulen zu sehen … und könnte begreifen, dass es im Leben mehr gibt als die Einrichtung seiner Wohnräume – er könnte gerettet werden.« (Larry-Bob)

Ich habe bereits erwähnt, dass sich dieses Buch mit den vorherrschenden Einstellungen einer aktiven Punkszene beschäftigen wird. Unter aktiv verstehe ich, dass sich die Mitglieder einer Gemeinschaft voll ins Zeug legen, um ihre Szene am Leben zu erhalten und ihren Kurs zu bestimmen. Das ist

Tribe 8, Berkeley, California, '92

die Einstellung des Kreativen, nicht notwendigerweise die des durchschnitt-lichen Konsumenten. Kreativ sind Leute, die Platten oder Fanzines ver-öffentlichen und sich in politischen Gruppen engagieren. All jene, die nur dadurch an der Szene teilnehmen, dass sie Konzerte besuchen, sind Kon-sumenten und spielen in diesem Buch keine Rolle. Leider gibt es aber auch genug Konsumenten, die kreativ werden und dabei ihre konventionellen Mainstream-Werte verbreiten. Deshalb ist es längst keine Seltenheit mehr, auf Punks zu stoßen, die zwar nicht offen sexistisch und rassistisch, sehr wohl aber homophob sind – ein Schwachsinn, der zwar nicht neu ist, aber doch der ursprünglichen Idee von Punk völlig widerspricht.

»Als sich der klassische Punk stilistisch in Richtung Hardcore entwickelte, entstand etwas, das nichts mit dem Punk von einst gemein hatte – nämlich ›hart‹ zu sein. Etwas, das schnell mit ›Macho sein‹ gleichgesetzt wurde. An-gesichts des weit verbreiteten Vorurteils, welches schwul mit ›unmännlich‹ gleichsetzt, ist es nicht verwunderlich, dass die Homophobie ein – glück-licherweise sehr umstrittener – Teil der Punkszene wurde.« (Donny the Punk, *Homocore*) Andere dagegen glauben, dass die in den Achtzigern erfolgte Verlagerung der Punkszene von den Innen- in die Vorstädte mit sich brachte, dass vorstädtische Werte angenommen wurden. Was auch immer daran stimmen mag, so ist doch festzustellen, dass die schwule Gemeinschaft innerhalb der Punkszene in den letzten Jahren eine Renaissance erfahren hat – und das brachte auch Probleme mit sich.

Bei einem Konzert im kalifornischen Berkeley habe ich miterleben müssen, wie etwa ein Drittel des Publikums extrem negativ auf die offen und komplett lesbische Band **Tribe 8** reagierte. Die Mehrheit verteidigte den Auftritt, doch ein sehr lauter und wütender Haufen von Männern und Frauen brachte seinen Hass auf die »scheiß Lesben« zum Ausdruck. Ein Großteil des Publikums war wohl an diesem Abend nur gekommen, um die extrem unpolitische, wenn auch musikalisch großartige Hauptgruppe **NOFX** zu sehen. Dieser Vorfall zeigt, dass solch offensichtlicher Hass und solche Spannungen doch noch nicht ganz aus der Punkszene verschwunden sind. Bis jetzt habe ich die Lebensphilosophie des Punk und sein Prinzip der Gleichberechtigung in Bezug auf Menschen behandelt. Diese Ideen basieren auf der Ablehnung von Rassismus, Klassendiskriminierung, Sexismus und Heterosexismus. Auf den folgenden Seiten werde ich zeigen, dass diese Prinzipien sehr oft auch auf Tiere und Pflanzen angewandt werden.

NO MASTER'S VOICE

RESIST

GO VEGETARIAN!

Logging Bridges Destroyed

THE A.L.F. IS WATCHING AND THERE'S NO PLACE TO HIDE

STOP THE DESTRUCTION TO THE EXISTENCE OF LIFE!

DEEP ECOLOGY, NOT DEEP SHIT!

Direct Action Speaks Louder Than Words

THE SPIRIT OF FREEDOM · CANNOT BE SUBDUED

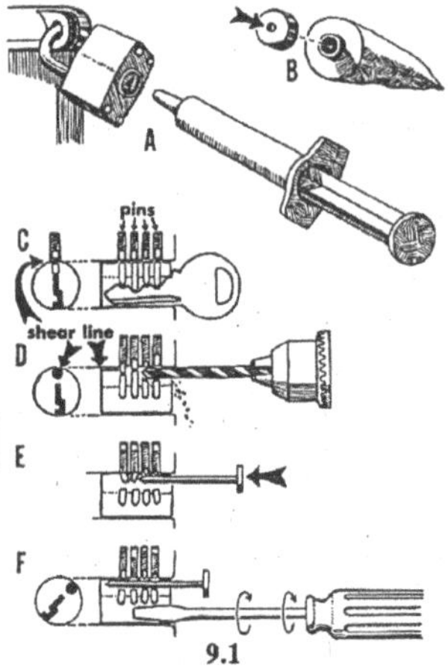

pins

shear line

9.1

A   B   C

D   E

F   G

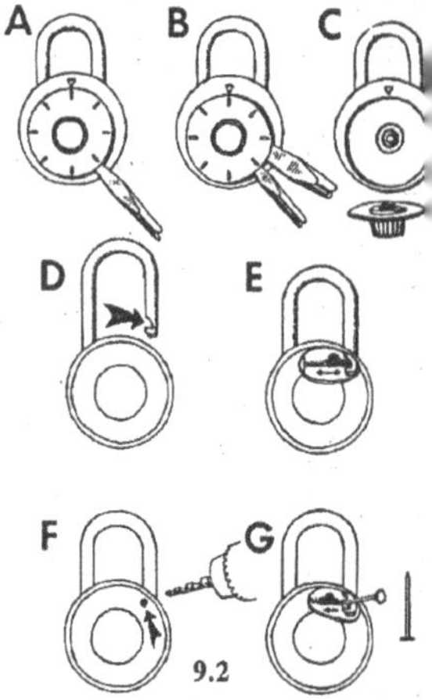

9.2

I DON'T EAT ANIMALS AND THEY DON'T EAT ME!

TECHNOLOGY IS CONQUERING NATURE

RAPE I'D CALL IT

NOWADAYS I'M JUST RAW MATERIAL

AND I'M JUST LABOUR

FROM PROTEST TO RESISTANCE

¡FURDER!

UMWELTSCHUTZ UND ÖKOLOGIE

Ideen und Techniken von »Earth First«, »A.L.F.« und anderen, die eine Heimat in der Punkszene gefunden haben.

»Und wenn die Tiere sprechen könnten, wenn die Planeten, die Bäume, die Flüsse, die Berge und die Meere ihren Protest herausschreien könnten, dann würden auch sie ein Ende der von habgierigen Männern und Frauen verursachten Zerstörung fordern. Der Selbsterhaltungstrieb ist unser wichtigster Instinkt, dennoch sind wir von den Profitgeiern so vollständig getäuscht, desinformiert, falsch erzogen, ausgetrickst und zum Narren gehalten worden, dass sogar fürsorgliche Mütter und Väter ihren Kindern von Geburt an unbewusst beibringen, sich selbst und die Erde zu zerstören. Eigentlich müsste in dem Maß, in dem sich die Welt kulturell und intellektuell weiterentwickelt, die Zivilisation stärker für die Bedürfnisse aller Menschen sorgen und ihre sozialen Probleme lösen. Stattdessen haben die Mächtigen den genau entgegengesetzten Weg eingeschlagen und dadurch der Welt mehr Hunger, mehr Ausbeutung, mehr Rassismus und mehr Umweltverschmutzung beschert. Sie haben allen Völkern ein System militärischer Herrschaft und Unterdrückung aufgezwungen.«

(LP-Zusammenstellung *PEACE*, Broschüre, R Radical Records, 1984)

Die auf Individualismus aufbauende Punk-Ethik muss natürlich in dem Moment einen Schritt zurücktreten, in dem es um die Erhaltung der Erde geht. Im Fall von Umwelt-Philosophien, -Praktiken und -Protesten liegt der Schwerpunkt auf dem Ganzen und nicht auf dem Einzelnen. Mithilfe verschiedener Texte und anhand von Tonträgermaterial wird, denke ich, schnell klar, dass dieses Ganze nicht nur die Menschheit umfasst, sondern auch Tiere und Natur (also die Wildnis, die Flüsse und so weiter). An dieser Stelle werden wir uns zunächst stärker mit der unbelebten Umwelt und der Flora beschäftigen.

Punks lehnen die »Cowboy-Ethik« ab, die die Umweltpolitik und ihre Umsetzung in Amerika seit über 200 Jahren bestimmt. Diese Einstellung hat katastrophale Auswirkungen sowohl auf die Umwelt gehabt als auch auf Ideen, die auf Schutz und Rettung der Umwelt abzielen. Einfluss auf die Punkphilosophie haben dagegen eher die Vorstellungen und Aktivitäten, die wir mittlerweile romantisierend mit den amerikanischen Ureinwohnern gleichsetzen (ob berechtigt oder nicht). »Genauso wie wir die Technologie und die Mittel haben, um die Welt mehr als hundertmal zu zerstören, haben wir alles, was wir brauchen, um für die Bedürfnisse und Rechte eines jeden Lebewesens auf dem Planeten zu sorgen. Wir müssen unsere Mutter Natur als die liebevolle Ernährerin, die sie ist, respektieren ... Wenn das Leben eines jeden Lebewesens und die Gesetze der Natur geachtet werden und

7 Seconds,
Camp Hill,
Pennsylvania,
'84

wenn unsere Mutter Erde, die uns allen das Leben geschenkt hat, respektiert wird, dann wird es Frieden geben.« (LP-Zusammenstellung *PEACE*)

Es gibt jedoch auch keine großartigen Bestrebungen unter Punks, primitive, prä-industrielle Gesellschaften oder anti-technologische Einstellungen zu verherrlichen. Es wird wenig davon geredet, aus dem System auszusteigen oder in bäuerlichen Kommunen zusammen zu leben. Die Bewegung ist im Grunde eine städtische und vorstädtische, die das Landleben nicht idealisiert. Die Idee, die »gesunde Mutter Natur« zu achten und sich für sie zu engagieren, kann dennoch als Gemeinsamkeit zwischen Punks und den Verfechtern einer prä-industriellen, prä-kolonialisierten Perspektive betrachtet werden.

Obwohl es unter dem Punk-Banner immer verschiedene Meinungen geben wird, ähnelt die am weitesten verbreitete Einstellung zur Umwelt doch sehr stark der so genannten »Tiefenökologie«. Diese Philosophie hat es seit Menschengedenken wohl immer irgendwo gegeben, und sie kann leicht in den Texten von Henry David Thoreau und anderen nachvollzogen werden. Der Begriff wurde 1971 vom norwegischen Philosophen Arne Naess geprägt und später durch das 1973 erschienenen Buch *Deep Ecology* von Devall und Sessions populär gemacht. Ein Artikel von Joel Hippycore in *MRR* beschreibt die Ähnlichkeit zwischen der Einstellung von Punks zur Umwelt und den Ideen der Tiefenökologie. »Was nötig ist, um die vorhandene Destruktivität der Menschen effektiv zu bekämpfen, ist eine allumfassende Philosophie, die die Menschen nicht im Gegensatz zur Natur sieht, sondern sie in der ihnen zukommenden ökologischen Nische platziert.« (Joel Hippycore, *MRR* Nr. 77, Oktober 1989)

Der wichtigste Aspekt einer radikalen Philosophie besteht darin, die bestehenden Missverständnisse abzustreifen, egal wie beliebt oder weit verbreitet sie sind. Eines der größten und am schwersten abzubauenden Missverständnisse ist wohl die allgemein akzeptierte anthropozentristische oder menschen-zentrierte Weltsicht. Es wurde bereits argumentiert (und zwar oft schlüssig), dass die biblische Tradition, in der Gott den Menschen die Herrschaft über die Pflanzen und Tiere der Erde gibt, weitgehend für diese Sicht der Dinge verantwortlich ist.

Ob der Anthropozentrismus nun mit der biblischen Auslegung oder mit vom Naturgesetz abgeleiteten Hierarchien von Aristoteles und Thomas von

Aquin begründet wird – er ist jedenfalls die Lehre, die fast jeder jemals aufgeschriebenen Philosophie oder politischen Theorie zugrunde liegt. Er steht für den Glauben, dass die Menschen von der Natur getrennt und ihr überlegen sind. »Mit einer solchen Sicht kann der Gedanke, dass Menschen mit der Natur im Einklang leben, nicht gedacht werden.« (Joel Hippycore) Wie Devall und Sessions versucht die Punk-Gemeinschaft, als Reaktion auf die Umweltprobleme eine biozentristische Philosophie zu fördern. Diese beinhaltet die Erkenntnis, dass alles in der Natur miteinander verbunden ist und den gleichen ihm innewohnenden Wert hat. Die Natur soll respektiert, fürsorglich behandelt und nicht beherrscht werden. Dies sollte jedoch nicht mit plattem Naturschutz im Sinne von Denkmalpflege verwechselt werden.

»Der Naturschutz ist von Anthropozentrismus durchtränkt und deshalb eine inakzeptable ökologische Sicht der Dinge. Das Ziel des Naturschutzes ist es, die Natur als Teil der menschlichen Wirtschaft zu verwalten und zu kontrollieren, und nicht, mit ihr in Einklang zu leben ... Bäume werden zu Nutzpflanzen, und Naturschutzgebiete sind dazu da, um das Geld der Touristen anzulocken: Der Natur wird nicht zugestanden, ein Wert an sich zu sein ... Menschen haben ein lebenswichtiges Bedürfnis nach Natur, sie brauchen sie, um zu reifen. Aber viel wichtiger ist, dass die Natur das Recht hat, ohne menschliche Eingriffe zu leben, einfach deshalb, weil sie ist – sie hat einen Wert unabhängig von ihrem Nutzen für die Menschen.« (Joel Hippycore)

Viele Verfechter der Tiefenökologie haben diese als neue Religion verstanden. Es werden verschiedene Rituale und Festtage gepflegt, um Gefühle der Verbundenheit zu aktivieren oder um stärker mit der Natur in Kontakt zu treten. Wie nicht anders zu erwarten, lehnen Punks die religiöse Komponente dieser Philosophie ab: »... Sonnenwenden und Tag- und Nachtgleichen zu feiern ist so überflüssig, wie die christlichen Feiertage zu begehen. Sie mögen den Einzelnen sehr beeindrucken, aber ökologisch sind sie komplett überflüssig.« (Joel Hippycore) Es ist zwar umstritten, ob Punks sich strikt an eine festgelegte Form der Tiefenökologie halten oder ihre eigene Variante des Biozentrismus oder ganzheitlichen Denkens schaffen sollten. Unumstritten ist allerdings, dass die tiefenökologische Sichtweise immer die Notwendigkeit von direkter Aktion betont.

Scared of Chaka, New Orleans, Louisiana, '95

»Es gibt zwei Arten von direkter Aktion. Die nach innen wirkende direkte Aktion bedeutet, eine größere Reife zu entwickeln und die anthropozentristische Sicht über Bord zu werfen. Die nach außen wirkende direkte Aktion kann in der Form von Demontagen, Protesten, zivilem Ungehorsam oder dem Pflanzen eines Baumes in Erscheinung treten. Es gibt keine scharfe Trennlinie zwischen innerer und äußerer direkter Aktion – beide werden von einem unumstößlichen Prinzip bestimmt: der Gewaltlosigkeit. Direkte Aktion bedeutet die Erkenntnis, dass wir uns nicht von den weltweiten Problemen abwenden und sie ignorieren können. Wir müssen etwas tun. Alles hängt zusammen, und dadurch, dass wir den Regenwald schützen, schützen wir uns selbst. Mit direkten Aktionen drückt man die allergrößte Liebe für die Erde und ihre Bewohner aus ... Die Tat ist das Ziel, und die Tat selbst muss ihre eigene Wahrheit sein, ihre eigene Verteidigung und ihr eigener Zweck.« (Joel Hippycore) Während Punks sich über die beste Art einer gewaltlosen Aktion streiten mögen, wird die Idee der direkten Aktion nicht in Frage gestellt. Viele ökologische Aktionen haben im Nordwesten der Vereinigten Staaten stattgefunden, vor allem in Nordkalifornien.

»Was in Nordkalifornien passiert, ist vergleichbar mit dem, was in den letzten zwei Jahrhunderten in Lateinamerika und anderen Kolonien der USA passierte. Der große Unterschied ist, dass sie hier nicht auf uns schießen – zumindest noch nicht. Aber trotz allem unterliegen wir einer Dritte-Welt-Ökonomie. Die Mehrheit der Leute ist so arm, dass sie froh sind, überhaupt eine Arbeitsstelle zu haben, von der sie leben können, selbst wenn es bedeutet, dass sie ihre eigene Umwelt zerstören und ihren Kindern eine Einöde hinterlassen.« (Lawrence Livermore, *MRR* Nr. 84, März 1990)

Livermore und andere Fanzine-Autoren riefen die Punkszene im Sommer 1990 dazu auf, zusammen mit der Aktivistengruppe Earth First! gegen die Entwaldung in Kalifornien in Aktion zu treten: »Damit meine ich nicht einfach, an euren Kongress-Abgeordneten zu schreiben, eine Petition zu unterzeichnen, an einer Demonstration teilzunehmen oder einen Zeitschriftenartikel zu schreiben, obwohl all diese Dinge auch wichtig sind.

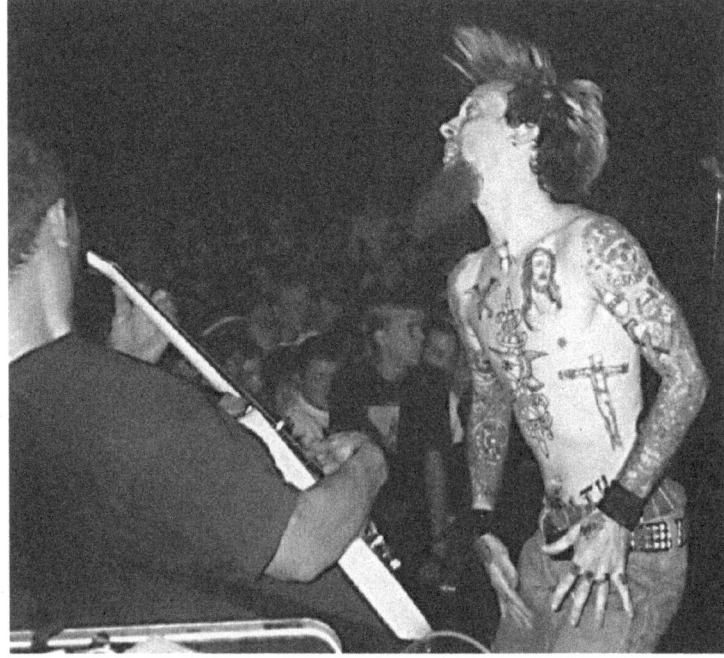

Avail, Indiana, '96

126

Ich rede davon, dass ihr eure Herzen, Seelen und Körper einsetzen sollt, um diesen Wahnsinn zu stoppen, bevor er uns alle zerstört.« (Lawrence Livermore) Earth First! platzierte in *Profane Existence* eine Anzeige, in der stand: »Wir rufen alle Freiheitskämpfer für den Wald dazu auf, diesen Sommer nach Nordkalifornien zu kommen und die Redwood-Bäume zu verteidigen. Wir hoffen, den ganzen Sommer über dauerhafte Lager errichten und Aktionswelle um -welle durchführen zu können.« (*Profane Existence* Nr. 5, August 1990, 37) Viele Punks sind Mitglieder und Unterstützer von Earth First!, Greenpeace, der tierbefreienden Animal Liberation Front, der Tierschützer P.E.T.A. (People for the Ethical Treatment of Animals) und anderer Gruppen. Bücher wie Ernest Callenbachs *Ecotopia* oder Dave Foremans und Bill Haywoods *Ecodefense: A Field Guide to Monkeywrenching* (*Umweltverteidigung: Eine praktische Anleitung zur Demontage*) sind mir erst durch Lesetipps auf Platteninlets aufgefallen.

Der Nachrichtenteil von *Profane Existence* enthält Artikel, die Aktionen gegen Umweltzerstörung loben, glorifizieren und zu deren Unterstützung aufrufen. In einem Kommentar über die absichtliche Zerstörung einer Brücke, die von einem Holzfäller-Unternehmen aus dem kanadischen Bundesstaat British Columbia benutzt wurde, um Zugang zu den Bäumen zu erhalten, hieß es: »Eine Firmenmarionette wurde mit den Worten zitiert: ›Alles was ich weiß, ist, dass ich einem ganzen Haufen Leute sagen muss, dass sie arbeitslos sind.‹ Es sollte nicht unerwähnt bleiben, dass du und deine Konzern-Geldgeier wohl leider einige hunderttausend Dollar verlieren werdet. Noch einmal: ein aufrichtiges Schluchz, Schluchz, Scheiß-auf-euch.« (*PE* Nr. 11/12, Herbst 1991, 4)

Zur selben Zeit veröffentlichte *PE* einen langen und gut recherchierten Artikel über Probleme, die durch den Bau von Golfplätzen entstehen. Pestizide, die die Tiere töten, Fallenstellerei, Wasserverschwendung sowie unnötiger und verschwenderischer Landverbrauch wurden als Gründe für die Unterstützung direkter Aktionen angegeben.

»Den Putting Green eines Golfplatzes zu bauen, kostet ungefähr 18.000 US-Dollar, und es kostet viele weitere Tausend, ihn zu pflegen. Wenn man also auf den maximalen Schaden abzielt, ist das der Ausgangspunkt. Eine einfache Art, einen Green total zu versauen, ist, flüssiges Chlor oder Schwimmbad-Säure drauf zu schütten (gibt's in jedem Laden für Swimmingpool-Zubehör). Benzin funktioniert auch. So was lässt den teuren Rasen vergilben und absterben, und es kostet Unsummen, ihn zu ersetzen. Macht das möglichst, wenn der Rasen trocken ist. Experimentiert auch mit anderen giftigen Flüssigkeiten. Sabotage kann Spaß machen und bildend wirken!« (*PE* Nr. 11/12, Herbst 1991, 46)

Obwohl der Artikel in einem humoristischen Stil gehalten ist, zeigt er doch die Bereitschaft von Punks, in Aktion zu treten und dabei Gewalt gegen Privateigentum einzusetzen.

Punks glauben, dass die fortgesetzte Zerstörung der Erde oft ihren Grund in ökonomischer Habgier hat. Der wichtigste Antrieb der Umweltverschmutzer ist, im Geschäft zu bleiben und ihre Profite zu maximieren. Die Regierung mischt sich ungern in die Belange profitabler Unternehmen ein, vor allem nicht, wenn es dabei auch um Arbeitsstellen geht. In vielen Fällen, wie in Nord-Wisconsin, »versucht die Staatsregierung mit allen Mitteln die Bergwerksunternehmen zu umwerben. Die regierenden Politiker wollen an der Macht bleiben, indem sie neue Arbeitsplätze schaffen und die Steuereinnahmen erhöhen.« (Tom Coyne, *MRR* Nr. 100, September 1991) Politiker sind in der Lage, das Problem nicht wieder gutzumachender ökologischer Zerstörungen mit der falschen Verheißung auf Arbeit für die Bewohner der Region zu verschleiern – Arbeit in Bergbau, Holzfällerei und auch im gerade modischen Stadionbau (hier in San Francisco wurden soeben zwei überflüssige neue Stadien gebaut). Wer in verarmten Gegenden lebt, die das Ziel von ökologischem Rassismus/Kapitalismus werden, kann erleben, wie uns das Versprechen dringend benötigter neuer Arbeitsplätze blind macht gegenüber bleibenden und schädlichen Entwicklungen. Offensichtlich werden ökologische Nachfolgeschäden und -kosten nicht in die Überlegungen mit einbezogen, was schließlich zur Katastrophe führt. Die Rechenmaschine, die Gewinn und Ausgaben einander gegenüberstellt und abwägt, lässt die ökologischen Kosten links liegen.

Vor allem kleine Bauernhöfe, die sich am ehesten bemühen, biologisch oder nachhaltig zu wirtschaften, haben immer weniger finanziellen Erfolg. »Aber was soll ein solcher Bauer auch tun, wenn ein großes Unternehmen die angrenzenden 5.000 Morgen Land kauft, die Erde mit starken Düngern durchsetzt, allen Windschutz und alle sonstigen schützenden Geländekonturen planiert sowie tiefe Brunnen baut, die das Grundwasser doppelt so schnell heraussaugen, wie es wieder aufgefüllt werden kann? Langfristig werden solche Methoden zu einem Desaster führen, aber in der Zwischenzeit werden sie eine große Ernte hervorbringen, die die Preise in den Keller treibt. Und wenn kleine Bauern nicht ähnliche Methoden übernehmen, um im Wettbewerb bestehen zu können, dann gehen sie pleite.« (Lawrence Livermore, Herausgeber von *Lookout* Nr. 31, Sommer 1988)

Ein neuer Gesetzesvorschlag in Kalifornien, der von den großen Lebensmittelkonzernen gefördert wird, zielt darauf ab, pestizidgetränkte und genetisch veränderte Lebensmittel als »biodynamisch« zu etikettieren. Dieses Gesetz – sollte es verabschiedet werden – wird die echten Bio-Bauern unter Druck setzen, dieselben auf schnellen Ertrag zielenden Methoden einzusetzen wie die Farmkonzerne, die sowohl das Land als auch die Gesundheit der Farmarbeiter und ihrer Familien ausbeuten. Das könnte der letzte Erfolg sein, den die großen Landwirtschaftsbetriebe noch brauchen, um am Ende die kleinen Bauern für immer vom Land zu vertreiben.

Was können wir tun? Selbst wer keine nach außen gerichteten direkten Aktionen billigt, ist in der Lage, gegen Umweltprobleme zu protestieren – egal, ob sie durch Farmen oder andere Produzenten hervorgerufen werden.

»Ob wir wollen oder nicht, wir leben in einer Konsumgesellschaft. Obwohl sich viele Bands und Fanzines aus der Punkszene gegen multinationale Konzerne aussprechen, müssen wir doch in diesem System für unsere Bedürfnisse Geld ausgeben. Daraus folgt, dass wir, soweit möglich, versuchen müssen, den Müll, den die Konzerne über uns abladen, zu vermeiden. Das kann in vielen Bereichen sehr einfach und mit Nachdruck geschehen.« (*Assault with Intent to Free* Nr. 9, Herbst 1991) Eine der besten Methoden, sich einem destruktiven kapitalistischen System zu verweigern und ihm zu widerstehen, ist die ökonomische Wahl, Geld nur dort auszugeben, wo man davon ausgehen kann, dass es am wenigsten Schaden anrichtet. Viele Fanzines haben eine Rubrik, in der zum Boykott von Produkten aufgerufen wird, die zum Beispiel mithilfe nutzloser Tierversuche, unfairer Arbeitsbedingungen oder unmoralischer Investitionen von Profiten hergestellt werden. Verschiedene andere Zines listen hilfreiche Tipps auf, wie man Müll reduzieren, aufbereiten und wiederverwerten kann. Nirgendwo sonst jedoch wird die Idee, die Umwelt zu erhalten und zu verbessern, so sichtbar wie in der Diskussion um Lebensmittel und Essgewohnheiten.

Jasper, Phil und Trotsky von Citizen Fish

»Der Mensch als Allesfresser scheint sich sehr gut an alle möglichen selt-samen, bizarren Lebensmittel aus Labors und Fabriken angepasst zu haben; aber vielleicht ist es noch zu früh, um darüber zu urteilen. Die Lebenser-wartung ist die höchste seit Menschengedenken, aber ebenso hoch ist auch die Rate an Krankheiten – wie Krebs oder Herzprobleme – im Zusammen-hang mit Essgewohnheiten.« (Lawrence Livermore) Nach einer rationalen Bewertung der Ressourcen-Verschwendung, gesundheitlichen Fragen und der Akzeptanz einer tiefer gehenden und menschlicheren Ökologie hat eine wachsende Anzahl von Punks beschlossen, Vegetarier zu werden.

»Die Fabrik produziert am laufenden Band, komplett verpackt und klinisch rein, / Eine obskure geschlachtete Substanz, und auf dem Etikett steht ›Fleisch‹, / Verborgen hinter falschen Bezeichnungen wie Schnitzel, Schinken, Steak und Medaillon, / Bleibt ein Auge ein Auge, ein Leben ein Leben, der inzwischen vergessene Glaube.«
(Conflict, LP *It's Time to See Who's Who*, Mortarhate Records, 1986)

Vegetarismus und Tierrechte sind beides Themen, die zuerst von der europäischen Punkszene populär gemacht wurden. Englische Bands, vor allem solche mit einer anarchistischen Botschaft, legten ihren Platten oft Informationen und Bilder über das Grauen der Tierhaltung und des Missbrauchs von Tieren bei. Politisch denkende Punks betrachten die Art, wie wir Tiere behandeln, als weitere der vielen schon bestehenden Formen von Unterdrückung. »Bei Punk geht es um Freiheit – für Menschen, aber auch für Tiere. Punk richtet sich gegen Diskriminierung aufgrund von Sexismus, Rassismus und ebenso aufgrund der Spezies. Der ›Mensch‹ hat kein Recht, andere Lebewesen zu missbrauchen, zu quälen und ihnen Schmerzen zuzufügen. Tiere haben dasselbe Recht auf Freiheit wie wir.« (die schottische Punkband **Oi Polloi**, *MRR* Nr. 25, Mai 1985)

Das Konzept der Tierrechte ist ein oft erwähnter und diskutierter Aspekt im modernen Punk. Die meisten Punks scheinen in dieser Frage die Ansicht Pete Singers zu teilen – er wird häufig zitiert und als Lesetipp aufgelistet. Singer meint, dass das Leiden der Tiere das grundlegende Argument gegen ihre Haltung und für die legitime Anerkennung ihrer Rechte ist. Die ganzheitliche ökologische Sicht, nach der auch im strittigen Fall von Überpopulationen das Töten von Tieren erlaubt (oder sogar Verpflichtung) ist, wird kaum vertreten. Punks befassen sich nicht mit einer möglichen Umweltkatastrophe, die durch massenhaften Übertritt zum Vegetarismus ausgelöst werden könnte, solange die Mehrheit der Menschen – insbesondere der Amerikaner – noch Tierprodukte isst. Die Thematisierung der Überpopulationsproblematik durch ganzheitliche Philosophen wie J. Baird Caldicott scheint auch eher ein versteckter Versuch zu sein, den Status quo aufrechtzuerhalten. Wir Menschen sind wissenschaftlich so weit fortgeschritten, dass wir ohne die exzessiv grausame Behandlung unserer »Mit-Tiere« existieren können. Sich moralisch ebenso weit zu entwickeln, ist allerdings nicht so leicht, da man seine Prioritäten ändern muss, was wiederum Unannehmlichkeiten nach sich zieht. Diese sind jedoch niemals so groß wie die Probleme, denen unsere Nutztiere gegenwärtig ausgesetzt sind oder denen die Menschen in einer Zukunft mit erschöpften Ressourcen gegenüberstehen werden. Die Menschen befinden sich nicht mehr im von Darwin beschriebenen Zustand des Naturhaften, in dem sie Tiere halten und töten müssen, um zu überleben. Weiter am Fleischfressen festzuhalten, stärkt nicht nur die selbstgefällige Vorstellung von der menschlichen Überlegenheit, sondern legitimiert auch Gewalt und Unterdrückung.

»Menschen sind dafür verantwortlich, dass der Regenwald zerstört wird, dass Luft und Wasser verschmutzt werden und dass im Grunde unser eigener Lebensraum ruiniert wird, also lasst uns doch aufhören, die Ausrede von der ›höheren Intelligenz‹ dafür zu benutzen, alle anderen Lebensformen auf der Erde zu beherrschen und auszurotten.« (LP *The ALF is Watching*, Booklet, No Master's Voice Records, 1990, 5) Einige Punks sprechen

Swiz, Harrisburg, Pennsylvania, '87

zwar nicht vom Kriterium der Überlegenheit, schreiben aber die jeweiligen Rechte auf der Basis des Empfindungsvermögens zu, ähnlich wie das Tom Regan tut. Doch selbst wenn bewiesen werden könnte, dass wir Menschen die Überlegenen sind, »hätten wir kein Recht, diejenigen, die wir als minderwertig ansehen, zu essen und mit ihnen herumzuexperimentieren, egal ob uns das Nutzen bringt oder nicht. Denn im übergeordneten Zusammenhang haben wir kein höherwertiges Recht auf Leben und Freiheit als irgendein anderes Ding.« (*The ALF is Watching*)

Diese These speist sich aus der biozentristischen oder tiefenökologischen Sicht, die weiter oben vorgestellt wurde.

Selbst Punks, die das Konzept der Tierrechte nicht unterstützen und stark anthropozentristische Ansichten hegen, haben ihre Essgewohnheiten aus Gründen des Umweltschutzes umgestellt. Die verschwenderische und rapide Zerstörung der Land- und Wasserressourcen durch die Tierhaltung kann einfach nicht übersehen werden. Andere sind schlicht aus gesundheitlichen Gründen dazu übergegangen, kein Fleisch mehr zu essen, vor allem Straight-Edge-Punks. Tipps, wie man Vegetarier wird, sind in zahllosen Fanzines erschienen, unter anderem in *Flipside, MRR, Aussault with Intent to Free, Profane Existence, Hippycore* und vielen europäischen Fanzines wie dem deutschen *Ox* oder dem australischen *Fight Back*. Die Herausgeber von *Hippycore* haben sogar ein ganzes Buch voller veganer Rezepte (inklusive Bier) mit dem Titel *Soy Not Oi* herausgebracht. Ein anderes an Punk angelehntes veganes Kochbuch, *Bark and Grass*, wurde in der Region Washington D.C. zusammengestellt.

Waren es die europäischen Punks, die den Vegetarismus unterstützt haben, so gehen viele nordamerikanische Punks jetzt einen Schritt weiter und unterstützen den Veganismus. Veganer konsumieren keinerlei tierische Erzeugnisse, auch keine Milchprodukte oder Eier. Manche glauben, dass der Veganismus eine Möglichkeit ist, »sich hundertprozentig einer Form der Grausamkeit zu enthalten, die überall auf der Welt sichtbar wird« (die kanadische Band **Engage**, *MRR* Nr. 100, September 1991). Während der Vegetarismus ein Schritt in die richtige Richtung ist, geht er vielen Punks nicht weit genug. Die kanadische Band **Propagandhi** haut pro-vegane Texte wie »Fleisch ist immer noch Mord / Milch ist immer noch Vergewaltigung« auf eine melodiöse Art raus, die man vorher im politischen Punk so nicht gehört hat. In ihrem Lied *White Blood* textet die Band **Naturecore**: »Der blinde Konsum von Milch und Eiern wird sogar von ›Vegetariern‹ übersehen! / Es gibt viele Alternativen zu Milch, Käse und Eiern. / Diese tödliche Routine zu unterstützen ist ein Verbrechen an sich.« (**Naturecore**, LP *The ALF is Watching*, Booklet, 1)

Veganer argumentieren, dass Menschen ein gesundes Leben mit einem Speiseplan führen können, der auf Sojaprodukten, Körnern und anderen pflanzlichen Erzeugnissen basiert. Sie haben recht. Der Hauptgrund, weshalb Vegetarier nicht zu einer veganen Ernährungsweise übergehen, ist, dass diese umständlich ist oder ihnen nicht so schmeckt. »Es gibt keine andere plausible Erklärung, keine moralische Rechtfertigung. Der Veganismus ist billiger, gesünder und schmeckt sogar besser (wenn man erst mal lange genug von den Tierprodukten weg ist, um das künstliche, von Menschen erzeugte Verlangen danach, das man einmal hatte, nicht mehr zu spüren).« (**Naturecore**, LP *The ALF is Watching*, 4) Ich selbst kann garantieren, dass die vegane Ernährungsweise gesund und reichhaltig ist. Ich glaube jedoch nicht, dass ein Mensch, der sich nicht-vegan ernährt, sich dafür moralisch rechtfertigen muss. Obwohl die Wahl der Ernährungsweise wichtig ist, ist sie doch nicht das Wichtigste, worauf man seinen Lebensstil gründen sollte. Viel wichtiger ist die Art und Weise, wie wir als Menschen einander bei der Suche nach einem besseren Dasein behandeln.

Der Gedanke, dass unser Umgang mit Tieren auch die Art und Weise, wie wir selbst miteinander umgehen, beeinflusst, wurde bereits angedeutet. »Diese Gewalt, die uns ständig umgibt und so viele Formen annimmt, ist gleich hier, in unserem Essen. Man hat bestimmte Charaktereigenschaften, die danach verlangen, aggressive Impulse zu befriedigen, indem man kaut – auf dem Blut und Fleisch anderer Lebewesen herumkaut.« (**A State of Mind**, EP *Animal/Humyn Exploitation*, Mind Matter Records, 1987) Die Befriedigung dieser Aggressivität erklärt möglicherweise die Verbindung zwischen der Unterdrückung von Menschen und Tieren.

»Dieselbe barbarische Einstellung, die zulässt, dass tausende von Menschen auf den Schlachtfeldern des Krieges nur für die Stinkreichen hingemetzelt werden, ist auch dafür verantwortlich, dass Millionen von Tieren im Namen der Wissenschaft oder für Nahrung, Kleidung etc. ermordet werden. Egal ob Ausbeutung von Tieren oder Menschen, die Ursache ist dieselbe – nämlich der Fehlglaube, dass man das Recht hat, für die eigenen, persönlichen Bedürfnisse andere nicht nur schuften, sondern für einen sterben zu lassen.« (LP *The ALF is Watching*, Booklet, 2) Die Punk-Philosophie vertritt tendenziell die Meinung, dass die Ausbeutung von Tieren ein weiterer Schritt ist, um die Ausbeutung von Menschen zu ermöglichen.

Das Konzept der Tierrechte geht über den Vegetarismus und Veganismus hinaus und enthält eine starke anti-vivisektionistische (also gegen Tierversuche gerichtete) Komponente. Dieser Aspekt wird besonders anhand der vielen Benefizplatten und -kassetten ersichtlich, die veröffentlicht wurden, um Geld für die Animal Liberation Front (Tierbefreiungsfront – ALF) zu sammeln. Obwohl wiederholt bewiesen wurde, dass die Vivisektion weitestgehend eine Verschwendung von Zeit, Geld und Leben ist, würde selbst der Beweis, dass sie der Menschheit doch irgendwie dienlich ist, immer noch nicht ausreichen, um sie akzeptabel zu machen.

NOFX, Berkeley, California, '92

Punks haben sich der ALF zum Teil wegen ihres Konzepts der direkten Aktionen zugewandt, zum Teil auch, weil Mainstream-Tierrechtsgruppen Punks, die sich nicht an ihre konformistischen Taktiken des Protests halten, oft die kalte Schulter zeigen, aber vor allem deshalb, weil die ALF konkrete Erfolge vorweisen kann. Die ALF ist eine Tierrechtsgruppe, die mithilfe von direkten Aktionen Labor- und Farmtiere befreit. Die Gruppe wurde in England gegründet und hat Aktionen in anderen europäischen Ländern, in Kanada und den USA durchgeführt. »Wir glauben an direkte Aktionen, um Tiere aus vivisektionistischen Laboren, landwirtschaftlichen Großbetrieben und anderen grausamen Einrichtungen zu retten. Wir führen diese Aktionen auch durch, um Eigentum, das den Tiermissbrauchern und Tiermissbrauchs-Einrichtungen gehört, zu zerstören. Wir tun dies, um das Leiden von Tieren zu verhindern und um finanzielle Verluste sowie schließlich den finanziellen Ruin derer herbeizuführen, die wehrlose Kreaturen verfolgen.« (ALF-Unterstützergruppe, Flugblatt) Unter »andere grausame Einrichtungen« sind auch schon Pelzhändler und Metzgereien gefallen. An den von einer Aktion betroffenen Orten werden oft Botschaften hinterlassen – auf Papier oder an die Wand gesprüht –, die die Gründe für die Aktion darlegen. Dies geschieht, um der Gesellschaft zu zeigen, dass die Aktivisten nicht nur ziellose Vandalen oder Terroristen sind, und in der Hoffnung, eine negative Reaktion seitens des Rests der Bevölkerung zu verhindern.

Die Punkszene unterstützt traditionell eher direkte Aktionen als Lobbyismus. Da Punks oft nicht die Beziehungen oder finanziellen Möglichkeiten haben, um mit den jeweiligen Gesetzgebern zusammenzuarbeiten, versuchen sie die Zustände selbst so direkt wie möglich zu verändern. Fanzines haben Interviews mit ALF-Aktivisten abgedruckt, die erklärten, wo, wann und wie man den Feinden Probleme bereiten kann. Auch Reden haben, wie das folgende Zitat belegt, viele Punks dazu inspiriert, nicht nur auf eigene Faust zu handeln, sondern auch eigene Gruppen zu bilden (zum Beispiel PAL – Punks for Animal Liberation in Kalifornien) und andere Leute über Tierbefreiung zu unterrichten.

»Die ALF ist eine große Inspiration, hoffentlich groß genug, um dafür zu sorgen, dass andere aus ihren Schneckenhäusern kommen und in Aktion treten! Wir können es schaffen! Zusammmen können wir in einem Krieg, den der Staat geschaffen hat, Überfallguerillas bilden. Wir können zu einer physischen Bedrohung werden, nicht auf Basis sinnloser Gewalt, sondern

Government Issue, Enola, Pennsylvania, '86

Avail, Corona, California, '98

auf Basis von Wissen und Liebe dem Leben gegenüber – dem menschlichen und nicht-menschlichen. Und durch diese Akte der Liebe werden wir ihre Türme der Habgier und ihre Todesfabriken zerstören. Wir werden eine Welt des Friedens und in Harmonie mit der Erde und uns allen schaffen.« (**A State of Mind**)

Vegetarismus und Tierrechte sind zu Heftklammern der politischen Theorie engagierter Punks geworden. Aber die größte Zahl der zum Vegetarismus Konvertierten erklärt sich aus der kürzlich aufgebrandeten Straight-Edge-Welle, deren Anhänger dem Fleisch vor allem deswegen entsagen, weil sie die künstlich entstandene Lust danach ablehnen. Sie sind deshalb aber noch lange nicht offen für andere radikale Ideen und Gedanken. Straight-Edge-Punks kümmern sich weniger darum, die Gesellschaft zu verändern, als vielmehr darum, ihre persönlichen Obsessionen zu überwinden. Aus diesem Grund trinken sie keinen Alkohol, rauchen nicht und lehnen in manchen Fällen sogar Koffein und Zucker ab. Ihre Einstellung zum Fleischessen ist mit der zum Alkoholtrinken vergleichbar: Es ist unnötig, ungesund und schädlich.

YOUTH OF TODAY
POSITIVE AND POWERFUL

A New Label · A New Movement

HARDLINE
presents
Three 7 inch EP's by these militant Vegan bands

VEGAN REICH
Hardline

STATEMENT
Prepare for Battle

RAID
Words of War

Each with a full-color cover printed on recycled paper

US $3.50 each (postpaid)
In cash or money order
Worldwide $5.00 each (postpaid)
In US currency or International money order
Payable to:
Hardline Records P.O. Box 486   Laguna Beach, CA 92652 USA

Also available
The Animals Film booklet
plus a pamphlet on the
meat, dairy and egg industries
$3.00 ppd

PRIDE

SLAPSHOT
IS STRAIGHT EDGE

INTENSITY

BROTHERHOOD

OPEN YOUR EYES

Hi IMPACT
RECORDS

DRUG FREE
YOUTH T-SHIRTS

ALSO OUT NOW!
PROGRESSION T-SHIRTS
"THE TIME HAS COME
TO LIVE POISON FREE"
6.00 ppd.   2-SIDED

VICTORY RECORDS

ONE ON ON

STRAIGHT EDGE

Eine Bewegung, die von einer »geringen Bedrohung« (Minor Threat) zu einer konservativen, angepassten Sekte wurde.

»... Ich bin ein Mensch genau wie du, aber ich hab besseres zu tun / als abzuhängen und zu kiffen, weil ich weiß, dass ich im Leben klarkomm / Ich pfeif' drauf, Pillen zu schlucken, ich pfeif' drauf, Klebstoff zu schnüffeln / will *immer auf Draht sein*, nie an Krücken gehn / Straight Edge! ...«
(Minor Threat, »Straight Edge«, EP *Minor Threat*, Dischord Records, 1981)

Die Hardcore-Punks **Minor Threat** aus Washington D.C. veröffentlichten 1981 einen Song, aus dem kurz darauf eine neue, eigene Bewegung hervorgehen sollte: Straight-Edge. Die Bewegung mit ihrer positiven und sehr persönlichen Botschaft breitete sich sofort entlang der gesamten Ostküste aus. Ihr Inhalt war simpel: Man muss keinen Alkohol trinken, keine Drogen nehmen und nicht rauchen, um sich zu amüsieren. Vor allem unter Vorstadt-Jugendlichen wurde Straight Edge sehr schnell populär und half ihnen, sich dem Druck Gleichaltriger zu widersetzen, Alkohol und Drogen zu konsumieren. Die Ideen aus der blühenden Szene in Washington D.C. wurden sehr schnell auch von anderen Bands übernommen, unter anderem von den um die Einheit der Szene bemühten **7 Seconds** aus Nevada, von Hardcore-Bands wie **SSD** und **DYS** aus Boston und den **Necros** aus Michigan. Der ›harte Kern‹ in Washington D.C. - **Minor Threat** und das Dischord-Label - unterstützte diese Bands, veröffentlichte oder vertrieb ihre Platten.

Lokale Punkszenen reagierten auf diesen Trend, orientierten sich zunehmend an einem jungen Publikum und verlegten ihre Shows von den Alkohol ausschenkenden Clubs und Bars in angemietete Feuerwachen und Veteranen-Klubs. Durch Straight Edge, eine Bewegung, die sich bewusst an junge Leute und deren Probleme richtete, wurden die Texte innerhalb der Punk-Szene ausgesprochen persönlich. Auch mich haben die Vollgas-Konzerte von **DYS** und **Verbal Assault** als Teenager weggeblasen. Ich habe damals stundenlange Autofahrten entlang der gesamten Ostküste in Kauf genommen, um die **7 Seconds** live zu sehen, denn bei ihnen konnte man wie eine Rakete abgehen. Die Bands waren nicht nur eine Alternative zur spießigen Gesellschaft, sondern auch zu den englischen »Suff-Punks«, mit denen wir nichts gemeinsam hatten. Die erste und zum Teil auch noch die zweite Straight-Edge-Generation sorgte dafür, dass die kraftvollsten Konzerte außerhalb der Club-Szene stattfanden, die eher vom langweiligen Rock'n'

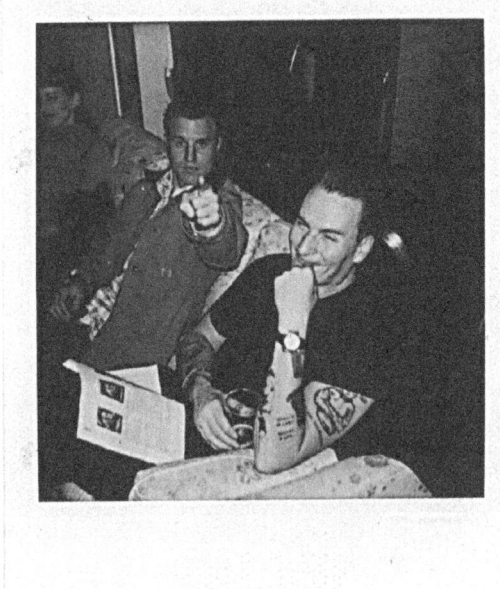

Speak 714,
Bayview,
San Francisco,
'97

Roll bestimmt wurde. Zu einem Zeitpunkt, als Punk bereits stagnierte und zum einen bloß noch politische Phrasen von sich gab, zum anderen eine reine Spaßkultur war, sorgte diese Szene für eine neue musikalische Intensität und Haltung. Das Ziel von **Minor Threat**-Sänger und -Texter Ian MacKaye, »die Dinge zu kontrollieren und sich nicht von ihnen kontrollieren zu lassen« (**Minor Threat**, *Flipside* Nr. 34, August 1982) wurde von der amerikanischen Punkszene mit Begeisterung aufgegriffen und fand sich plötzlich auch an weit entfernten Orten wieder. Zwischen 1984 und 1988 existierte eine starke Straight Edge-Szene in Kalifornien (**Uniform Choice, Insted** ...), ab 1988 hatten die Ideen auch Europa erreicht, wo sie bis heute Anhänger finden.

Dank einer stärkeren Berichterstattung in den Medien fand allerdings ab Mitte der 80er ein ganz neues Publikum zu Punk, eines, das wenig Interesse an Straight Edge hatte – die Szene begann zu verwässern. Viele Straight-Edge-Musiker der ersten Stunde hatten sich inzwischen einer anderen Musik zugewandt (spielten langsamen, schwerfälligen Hardrock oder Alternative-Pop im Stil von **U2**) oder hatten nach ihrem Teenageralter selbst mit dem Trinken und Rauchen angefangen. Punk erlebte einen Medien-Hype, der mit sich brachte, dass die einstmals so einflussreiche Straight-Edge-Szene von einer stumpfen und ignoranten Generation abgelöst wurde. Ian MacKaye äußerte sich 1985 gegenüber der Situation resigniert: »Ich glaube nicht, dass es noch einen gemeinsamen Anknüpfungspunkt gibt. Alle scheinen nur noch hier zu sein, um sich zu amüsieren ... Dafür brauche ich aber nicht zu einem Punkkonzert zu gehen. Ich möchte vor die Tür gehen, um etwas mit meinem Verstand machen, etwas mit einer gewissen Zielstrebigkeit zu machen ... Ich will ein Ziel. Ich will, dass mein Leben für mich zählt und für etwas gilt. Ich lebe nicht, um mich zu amüsieren.« (Ian MacKaye, *Hard Times* Nr. 7, Juni 1985)

Und doch ist MacKaye, der sich seit 1981 stets musikalisch und gedanklich weiterentwickelt hat, für Tausende ein Vorbild geblieben. Mark Andersons Buch *Dance of Days: D.C. Punk 1975-95* gibt diesbezüglich einen detaillierten Einblick in die Washington-D.C-Szene, in ihre Geschichte und die Biografien ihrer Akteure, darunter MacKaye und die **Bad Brains**. In dem Buch wird die Geschichte von Straight Edge minutiös und äußerst wohlwollend rekonstruiert.

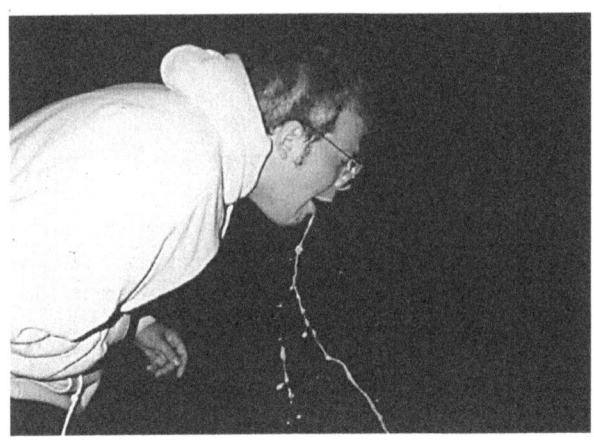

Ex-Straight-
Edger

MacKaye ist bis heute mit seiner Band **Fugazi** politisch aktiv. Obwohl er nicht trinkt, raucht oder Fleisch isst (was später für viele ein integraler Bestandteil von Straight Edge wurde), verfechtet er weder Straight Edge noch sieht er sich als Bestandteil dieser Szene an. Er lehnt diesen Begriff für sich ab, weil die ursprüngliche Botschaft des »Straight Edge«-Songs von vielen Leuten verdreht wurde. Straight Edge war nicht nur eine Reaktion auf den dummen Punk der Mittachtziger, sondern ihrerseits eine Bewegung, innerhalb derer sich viele beschränkte und intolerante Geister tummelten.

»Viele Bands, die dem Publikum ihre Gedanken doktrinär einzutrichtern versuchen, nennen uns als Einfluss. Ich kann ihnen nur sagen, dass sie nichts verstanden haben.« (**7 Seconds**, MRR NHr. 72, Mai 1989) Ursprünglich wollte Straight Edge die Kids zu eigenständigem Denken motivieren – davon ist die heutige Szene sicher weit entfernt. Zugleich ist Straight Edge seit den ausgehenden Achtzigern extrem populär geworden. Die neuen Bands und ihre Fans sind reaktionär, konformistisch und machohaft geworden. Sie besitzen nichts eigenes mehr, haben fast alles von den Bands der ersten Stunde geklaut: den Musikstil, die Covergestaltung, die Frisuren (so normal und akzeptabel wie möglich) und die (Sport-)Kleidung. Die puritanische Botschaft des Straight Edge ist infolge ihrer Verbreitung bei den bürgerlichen, jungen, weißen Männern angekommen, die keinerlei Interesse an Rebellion oder radikaler Politik haben.

Inzwischen sehen Straight Edger eher wie Leistungssportler aus, nicht mehr wie Punk-Außenseiter. Punk wird wegen seiner Negativität von vielen sowieso pauschal abgelehnt. Innerhalb der einstigen Gegenkultur haben sie eine eigene Sekte entstehen lassen. Was einmal angetreten war, um Punk zu verbessern und dem Druck der Gleichaltrigen zu entgehen, ist in eine Szene voller Selbstgerechtigkeit und Herdenmentalität gemündet.

Von Punks, die nicht abstinent sind, wenden sich Straight-Edger ab. So heißt es zum Beispiel in Bezug auf Punks, die Bier trinken: »Ihr pumpt euer Geld in Konzerne, die Menschen töten, die Erde verschmutzen, Tierversuche durchführen, sexistische Werbung machen, Familien ruinieren; die Firmen sind schuld an betrunkenen Autofahrern und am Alkoholismus, der wiederum für Kinderschändung, Vergewaltigung und Mord verantwortlich ist. Wie kann jemand, der nicht abstinent ist, politisch korrekt sein? Es ergibt keinen Sinn.« (Anonymer Leserbrief, *MRR* Nr. 103, Dezember 1991)

Für einen Anti-Sexisten macht es sicher keinen Sinn, Brauereien mit sexistischer Werbung zu unterstützen, aber es geht auch anders: Viele Punks haben aus genau diesem Grund, aber auch, weil das Bier der großen Brauereien oft gar nicht schmeckt, private Brauereien gegründet. Es macht auch keinen Sinn, etwas gegen all die anderen oben angeführten Kritikpunkte einzuwenden (es ist allerdings die Frage, ob die Verantwortung bei den Alkohol-Firmen liegt oder vielleicht doch eher bei den Konsumenten).

Circle of Shit,
Lancaster,
Pennsylvania,
'85

Der Straight Edger, der oben genannten Leserbrief schrieb, beweist aber auch, dass Abstinenz keine Granatie für politisch korrektes Verhalten und Denken ist: »Ihr verkommenen und unmäßigen Bastarde. So, wie ihr euer verkommenes Leben lebt, geschieht es euch recht, dass ihr AIDS habt. Es ist eure Schuld! ... Ich habe keine Vorurteile gegen Homosexuelle als Menschen, aber ich hasse und verachte den Akt der Homosexualität. Genau wie ich das Rauchen von Zigaretten hasse, aber nicht den Raucher. Ich bin nicht homophob.« (Anonymer Leserbrief, *MRR* Nr. 103) Straight Edge hat, ähnlich wie die Skinhead-Bewegung, dafür gesorgt, dass Homophobie und Machotum in der Punkszene hoffähig werden konnten. Es ist weder möglich noch legitim, jemanden zu verurteilen, der sich für die Abstinenz entschließt, wohl aber, wenn er sich dazu entschließt, nicht zu denken.

Es mag unfair erscheinen, Straight Edge so negativ zu kategorisieren und in eine Schublade zu stecken. Die Absicht und die ursprünglichen Aktionen der Bewegung waren sicher gut gemeint und zumindest eine Zeit lang auch erfolgreich. In ihren Auswirkungen hat es die Szene Punk jedoch nicht verbessert, sondern inzwischen selbst eine drastische Verbesserung nötig. Die Anti-Punk-Haltung von Straight Edge hat vor allem dafür gesorgt, dass durch Städte wie Boston und New York ein Riss ging, der die Szene spaltete. Selbst in Kalifornien – dem Ursprungsort aller Partys –, finden Straight-Edge-Shows längst an großen, kommerziellen Orten statt, während Punk es schwer hat, Auftrittsorte zu finden und Platten zu verkaufen. Der vielleicht größte Bruch und die absurdeste Differenz enstand aber, als jugendliche Straight Edger die Religion entdeckten und »zu Krishna gefunden« haben.

Youth Of Today aus New York waren die populärste Straight-Edge-Band der zweiten Welle. Ihr Sänger Ray Cappo wandelte sich vom kurz geschorenen, athletischen Proll zum Anhänger der Hare-Krishna-Bewegung. Seiner Meinung nach besteht »die einzige Möglichkeit, über Straight Edge hinauszugehen« darin, »das Krishna-Bewusstsein anzunehmen« (Ray Cappo, *MRR* Nr. 79, Dezember 1989). Der religiöse Einfluss brachte unter anderem mit sich, dass sich die Straight Edge-Anhänger nicht nur Rauschmittel und illegitimen Sex, sondern auch Fleischkonsum verboten.

Viele Jugendliche eiferten **Youth Of Today** blind nach, und folgten Ray auch noch bedingungslos, als er zum Krishna wurde. [Inzwischen trinkt

Cappo übrigens wieder Alkohol, d. Red.] Seitdem häuften sich die Krishna-Anhänger innerhalb der Szene. Die Religionsgemeinschaft hätten sich garkeinen besseren Fürsprecher erträumen können, um neue Anhänger zu rekrutieren. Dieser Trend widersprach endgültig einem Grundideal von Punk, nämlich dem, organisierte Religion (und Kulte aller Art) als unterdrückerisch, eskapistisch, anti-individualistisch und schlicht als dumm abzulehnen.

Trotzdem gibt es viele Straight-Edger, die sich selbst noch als Punks bezeichnen. Sie verfolgen noch die ursprünglichen Ziele des Punk, sehnen sich oft nach der »guten alten Zeit«, verhalten sich immer noch konstruktiv und sind auch ein willkommener Bestandteil der Punkszene. Hier gilt dasselbe wie für Skinheads: Straight Edge besteht aus einem äußerst weiten Spektrum, zu dem eben auch radikale Straight-Edge-Punks, Schwule und Frauen zählen.

In der Erstausgabe dieses Buches hätte ich mir beinahe verkniffen, auch noch über eine weitere, kleine und sehr kompromisslose Gruppe innerhalb der Szene berichten. Damals beschränkte sie sich nämlich noch auf ganz wenige Bands und eine Anhängerschaft, die man an den Fingern abzählen konnte. Ich erwähnte sie damals nur, um auf die Idiotie ihrer Absichten aufmerksam zu machen. Seitdem ist sie jedoch exponentiell gewachsen, und fand in der beschissenen Metal-Band **Earth Crisis** ihren Dreh- und Angelpunkt. Ich habe nichts gegen ihren Einsatz für Tierrechte und ihre an Earth-First!-Aktionen angelehnten Unterstützung von politischer Aktion, sehr wohl aber einiges gegen den puritanischen Scheißdreck, den sie ansonsten so von sich geben. Dieser Band und den vielen, die sie beeinflusst hat, ging die südkalifornische Band **Vegan Reich** voraus (ein Name, bei dem man schon einen Krampf bekommt). **Vegan Reich** und ihr Plattenlabel No Master's Voice wurden in der Szene trotz ihrer kontroversen Ansichten ziemlich populär. Es ist eine Sache, Veganer zu sein, gegen Tierexperimente zu kämpfen und irgendwann eine friedliche, anarchistische Gesellschaft errichten zu wollen, es ist aber eine andere Sache, wenn so etwas mit eklatant sexistischen, homophoben und totalitären Äußerungen einhergeht.

Über Frauen heißt es: »Ich halte Frauen gegenüber Männern für komplett gleichberechtigt, sowohl im Kampf als auch in Beziehungen und so weiter.

Aber ich glaube nicht, dass wir gleichartig sind.« (**Vegan Reich**, *PE* Nr. 3, April 1990) Eine tolle Aussage, in der die ausgemachten Differenzen nur dazu dienen, sexistische Ansichten zu legitimieren. Und weil er Frauen nicht als den Männern gleich ansieht, denunziert er Feministinnen, »die versuchen, ihre vorgegebene natürliche Rolle zu negieren und die Familienstrukturen zu zerstören« (**Vegan Reich**, *PE* Nr. 3). Solche Rollen zu unterstützen hat weder etwas mit Punk noch mit Gleichberechtigung zu tun, sondern ist eklatant sexistisch und diskrimierend. Nicht nur Ökofeministinnen würden einen offenkundigen Widerspruch darin sehen, einerseits Ausbeutung abzulehnen und zugleich Frauen auf ihre »vorgegebene natürliche Rolle« zu beschränken.

Über Homosexualität heißt es: »Von einem natürlichen und moralischen Standpunkt aus kann Homosexualität nur als unnatürlich bezeichnet werden. Sie muß wie alle anderen Abweichungen von der Natur, deretwegen unsere Welt heute in diesem furchtbaren Zustand ist, bekämpft werden.« (**Vegan Reich**, *PE* Nr. 3) Eine Aussage von solcher Dummheit braucht nicht weiter untersucht werden.

Am Ende aber noch eine Passage, die am stärksten anti-punk ist: »Wir glauben an die Anarchie als Endziel. Im Moment sind jedoch noch zu viele Menschen schwach und können dem Hedonismus nicht widerstehen. Der erste Schritt wäre, eine Diktatur von Veganern zu errichten, die den natürlichen Prozess der Evolution dadurch vorantreiben würden, dass sie die umerziehen, bei denen das noch geht, und die aussortieren, bei denen jede Hilfe zu spät kommt. Nachdem dies stattgefunden hat und die menschliche Bevölkerung drastisch reduziert wurde ...« (**Vegan Reich**, *PE* Nr. 3) Diktatur, Massenmord und Faschismus sind nicht wirklich punkig und werden auch von den meisten Straight Edgern nicht toleriert. Die Tatsache, dass es für solch absurde Gedanken ein Publikum gibt, wirft allerdings kein gutes Licht auf die Straight-Edge-Szene.

Trotzdem begann Straight Edge als gute Idee mit guten Zielen, ohne die Freiheit von irgendjemandem beschneiden zu wollen. Straight Edge war eine Reaktion auf den unaufhörlichen Druck, dem Heranwachsende ausgesetzt sind, wenn sie sich Gleichaltrigen mit Dingen beweisen müssen, die ihnen doch eigentlich unangenehm sind. Die Idee hat dazu geführt, dass viele neue Konzerträume für Punk-Veranstaltungen entstanden sind, die

Subhuman Dick and Fanatics

deshalb langfristig existieren konnten, weil sie nicht durch Drogen, Gewalt und Vandalismus gefährdet waren.

Punk-Clubs und besetzte Häuser werden nämlich oft wegen Drogen und Alkohol geschlossen. Trotzdem besteht der gegenwärtige Trend von Straight Edge leider darin, sich von Punk abzusondern und dabei äußerst fragwürdige Unterscheidungsmerkmale zu schaffen. Sollte sich dies fortsetzen und dabei auch noch ein größerer Bruch erfolgen, werden beide Szenen bald komplett unvereinbar sein. Wer jetzt allerdings noch mehr über Straight Edge wissen möchte, sollte zu dem Buch *All Ages* greifen, herausgegeben von Revelation Records, einem Straight-Edge-Label. In ihm steht wirklich alles, was man über diese blühende Szene wissen muss (zumindest bis man volljährig ist).

DIY – DO IT YOURSELF

»›Do It Yourself‹ ist die treibende Kraft hinter fast allen ernstgemeinten Anstrengungen von Punk. Wir brauchen keine reichen Geschäftsleute, die unseren Spaß für ihr Profitinteresse ausschlachten. Wir Punks können selbst Konzerte veranstalten, Demonstrationen organisieren und daran teilnehmen, Platten veröffentlichen, Bücher und Fanzines herausgeben, für unsere Produkte einen Versand aufziehen, Plattenläden eröffnen, Texte verteilen, Boykotts fördern und an politischen Aktivitäten teilnehmen. Wir tun all diese Dinge, und wir tun sie gut. Kann das irgendeine andere jugendliche Gegenkultur der 80er und 90er von sich behaupten?«
(Joel, *PE* Nr. 11/12, Herbst 1991, 10)

Im Bereich der Musik wird die spezielle Geschäftspraxis von Punk am besten deutlich. Punkrock unterscheidet sich nicht nur durch den Sound, die Texte und die Art des Auftretens vom konventionellen Rock'n'Roll, sondern auch dadurch, wie man geschäftlich miteinander umgeht und mit dem Publikum interagiert. »Rockstars« sind innerhalb der Bewegung nie akzeptiert worden, und Bands, die für ihre Auftritte und Platten große Summen verlangen, sind immer wieder kritisiert und bloßgestellt worden. Dies reicht bis in die Anfänge von Punk zurück, zu einer Zeit also, als die Bewegung noch klein und die Vorstellung, mit Musik viel Geld zu verdienen, sowieso ein lächerliches Hirngespinst war. Die Mitglieder einer Punkband unterschieden sich weder in ihren Ansichten noch in Bezug auf das Können – oft zumindest – von ihrem Publikum. Punkbands »riefen andere auf, ihre eigenen Bands zu gründen – es wurde versucht, die traditionelle Grenze zwischen Star und Publikum aufzuheben. Jeder konnte ein ›Star‹ sein oder auch niemand!« (David, *Pop and Politics Do Mix!*, April 1991, 13) Man braucht nichts als ein Equipment und den bloßen Wunsch, eine Punkband zu gründen.

Im Punk haben sich Bands schon immer gegenseitig unterstützt, wenn es darum ging, Auftritte in anderen Städten zu organisieren, Tourneen zu planen, Platten zu veröffentlichen und so weiter. Außerhalb der Sphäre konventioneller Rockmusik, wo Bands sich »verkaufen«, um ein größeres Publikum zu erreichen und mehr Geld zu verdienen, hat es selten Fälle von Konkurrenz gegeben. Deshalb neigen Punkbands auch dazu, ausschließlich mit anderen Punkbands zusammen zu spielen, denn nur das garantiert eine ähnliche Vorstellung von Kooperation. Für die niederländischen **The Ex** sind Konzerte typisch, auf denen es »keinen Ärger gibt, wer der ›Haupt-‹ und wer der ›Support-Act‹ ist, weil jede Band gleichermaßen wichtig ist. Sich gegenseitig zu helfen, indem man Instrumente ausleiht und nachher das Geld fair teilt, hört sich ganz einfach und normal an, ist aber in der Rock-Kultur anscheinend sehr ungewöhnlich. Deshalb hassen wir Rockstars, vor allem die ›alternativen‹« (**The Ex**, *Threat By Example*, 72).

Alternative Rockstars sind Bands oder Musiker, die irgendwann mal eine ähnliche Botschaft wie die des Punk vertreten hatten oder sogar selbst Punks waren. Ihre Misere beginnt normalerweise in dem Moment, an dem sie von einem kleinen, unabhängigen Label zur Industrie wechseln (CBS, EMI, Epic und so weiter). Viele dieser Bands denken, dass der Zweck (ein größeres Publikum anzusprechen) die Mittel heiligt (Teil eines großen Labels zu werden). Ein Gedankengang, der schon oft abgelehnt und verurteilt wurde.

»Ich habe diese Entschuldigung von wegen ›Wir können dann mehr Leute erreichen‹ schon viel zu oft aus dem Mund von Bands gehört, die ursprünglich einmal rebellisch waren. Ich würde aber gerne mal wissen, was genau sie denn diesem Publikum sagen wollen. Wer Rebellion in Bargeld verwandelt, verwässert die Inhalte so sehr, dass sie am Ende überhaupt nichts mehr aussagen. Die Stars, die Scheiße und wirklich nur Scheiße verhökern, sind wenigstens so ehrlich zuzugeben, dass sie all das nur wegen des Geldes machen. Stumpfe Popmusik kann einen beleidigen, aber ich fühle mich noch mehr betrogen, wenn jemand seine Profitgier mit politischen Argumenten ummantelt.« (**Chumbawamba**, *Threat By Example*, 31) Kann eine Band für ein Majorlabel arbeiten, dessen Job es ist, die Massen zu erreichen, und gleichzeitig ihre politische radikale Einstellung beibehalten? Eine politische Band mag ihre Labelkollegen (dumme Popmusik oder sexistischer Rock) ebenso ignorieren können wie die Tatsache, dass die meisten Majors in andere Geschäftsfelder investieren (EMI Records gehörte zur Zeit der britischen Punk-Explosion einem führenden Waffenfabrikanten), doch spätestens wenn ihre Botschaften den Plattenverkauf bedrohen, werden sie die Zensur zu spüren bekommen.

»Jeder engagierte Künstler ist in einer heimtückischen Situation, sobald er sich zwar nicht für den Kapitalismus einsetzt, aber doch in ihm Erfolg hat. Radikale Musiker kommen in Schwierigkeiten, sobald sie die vertriebs-

Toxic Ranch, Tucson, Arizona, '95

Los Crudos, Pueblo, Colorado, '95

kanäle der kommerziellen Musikindustrie nutzen wollen. Die Musikindustrie versteht sich zwar darin, Geld durch radikale Rhetorik zu machen, wenn aber der Radikalismus eine bestimmte Grenze überschreitet und sich in politischen Inhalten niederschlägt, gibt es ein deutliches, unbehagliches Grummeln bei EMI, BBC und IPC.« (Dave Harker, zitiert nach *Pop and Politics Do Mix!*, 11)

Viele der ersten Punkbands in den Mittsiebzigern unterschrieben später bei großen Labels und wurden von ihnen ausgenutzt. Erst die nachfolgende Generation von britischen Anarchos und kalifornischen Punks kamen auf die Idee, ihre Platten selbst zu machen. Auf diese Weise konnten sie ihre eigenen Preise festlegen, ihre eigenen Texte schreiben und ihre Musik ganz ohne Kompromisse einspielen. »Der neue, anarchistische und politisierte Punkrock verachtete die großen Labels und das ganze etablierte Musikgeschäft. Die Musiker weigerten sich, mitzumachen. Sie hielten bedingungslos an den ursprünglichen Punk-Idealen fest, an Unabhängigkeit und Anti-Establishment.« (Dave Harker, 13)

Noch bevor Punkrock in den USA ein größeres Publikum erreichte, sorgte der Erfolg einiger britischer Punkbands (allen voran die **Sex Pistols** und **The Clash**) dafür, dass sich die großen Labels abstrampelten, so viele »rebellische« Band wie möglich unter Vertrag zu nehmen und am Punk-Trend zu verdienen. Viele englische Bands, **Crass** und **Conflict** eingeschlossen, bekamen von EMI lohnende Verträge angeboten. Sie ließen sich nicht korrumpieren. »Ihre Musik und die politischen Ideale waren ihnen wichtiger.

Ihre Tätigkeit bestand nicht darin, Rebellion für den Massenkonsum zu vermarkten.« (Dave Harker, 15) Eine Ausnahme bildete die pseudokünstlerische, anarchistische Punkband **Chumbawamba**, die sich in eine radikale Disco-Band verwandelte und kürzlich ihren Majorvertrag unterschrieben hat. Er gilt für kommende Veröffentlichungen und beinhaltet vielleicht sogar die Rechte an den alten Aufnahmen. Die Zeit allein wird zeigen, ob sie ihre radikale Schärfe behalten oder in leere, monotone Dance-Musik verfallen werden.

Sobald eine Band für ein großes Label arbeitet und diesem das Recht gibt, die Songs, Grafik, Texte und das Image zu vermarkten, räumt sie dem kommerziellen Erfolg einen größeren Stellenwert ein als der Kreativität und der Botschaft. **Chumbawamba** haben nach 1992, der Erstauflage dieses Buches, bei EMI unterschrieben, ihre Texte zensiert und dem Label erlaubt, wirklich alles zu tun, um den kommerziellen Erfolg über die politische Botschaft zu stellen. Alle, die behaupten, dass **Chumbawamba** »sich haben kaufen lassen«, haben absolut recht. **Chumbawamba** haben bereits vor Jahren damit aufgehört, eine Punkband zu sein, und sie haben seither viele, sehr viele Dinge, die sie im Zusammenhang mit der Idee unabhängiger Musik gesagt haben, praktisch widerlegt. Okay, dadurch, dass sie sich verkauft haben (selbst wenn dies nur ein Strohfeuer ist), haben **Chumbawamba** die Möglichkeit erhalten, ein wohlhabendes Leben zu führen, aber auch riesige Summen für wichtige politische Aktivitäten zu spenden. Lässt man die verwässerte Botschaft und die Widersprüche außer acht, so mag es sein, dass sie mehr als alle ihre Kritiker zusammen tun, um anarchistische Politik auch praktisch zu fördern. Bleibt nur zu hoffen, dass **Chumbawamba** auch weiterhin die radikale politische Szene unterstützen und ein Teil davon bleiben, obwohl sie ständig den Angriffen ihrer Mitrevolutionäre ausgesetzt sein werden. Allen radikalen Klassenkämpfern und all jenen, die eine gesunde Kritik an der Band und ihrer oftmals schwankenden politischen Einstellung lesen wollen, empfehle ich das Pamphlet *Educating Who About What*, das einen ziemlich scharfen Blick auf die Realität wirft und die Band mitsamt ihren einfältigen Anhängern pointiert angreift.

Bis vor kurzem haben sich die Majors kaum für amerikanische Punkbands interessiert. Folglich existieren Tausende aktive, unabhängige Labels. Zusätzlich zum Untergrund und sehr kleinen »Wohnzimmer«-Labels, existieren auch viele Independents, die den Majors de facto nur in die Hände spielen und »alternative« Musik fürs Collegeradio produzieren. Die Majors selbst stecken Geld in »Independents«, weil sie vom »unabhängigen« Markt und den dort neu entdeckten, jungen Talenten profitieren. Viele Bands haben bereits den Sprung von solchen »Independents« in die komplette Abhängigkeit der Majors gewagt. Die Folgen bestanden aus aggressiver Promotion und einer glatten Produktion, also allem, was zu einem Mainstream-Produkt dazugehört.

Green Day, **Bad Religion**, **Rancid**, **Jawbreaker**, verschiedene Grunge-Bands, **Offspring**, **Helmet** und viele andere haben die schnellen und kraftvollen Riffs des Punk einem Massenpublikum zugänglich gemacht, weil sie weder massiven Radioeinsatz noch Auftritte in großen Stadien scheuten. Ihr Sound hat schon heute den Pop-Mainstream hörbar beeinflusst, also auf Bands gewirkt, die selbst weder eine Ahnung von, noch ein Interesse an den Punk-Wurzeln und der Herkunft erwähnter Vorbilder haben. Dieser neue Trend mag ja Radiohören ein wenig angenehmer machen, trotzdem glaube ich nicht, dass die Leute, die diese »neuen« Klänge konsumieren (die ja gar nicht neu sind, da sie eine lange Tradition im Underground haben) auch nur eine geringe Ahnung von der radikalen Entstehungsgeschichte oder den Wurzeln dieser Bands haben.

Propagandhi
and crew, '96

SNFU, Enola,
Pennsylvania,
'86

Es gibt aber immer noch Bands, die ihre Musik mit wirklich unabhängigen Methoden einspielen, veröffentlichen und touren. Das herausragende Beispiel dafür, dass man seine Unabhängigkeit und Ideale behalten und dabei auch noch zunehmend mehr Platten verkauft, bietet **Fugazi** aus Washington D.C.

»**Fugazi** ist ein Angriff auf den traditionellen Rock'n'Roll in bester Punk-Tradition. Der Abscheu gegenüber dem traurigen Zustand des Rock'n'Roll hatte die Punk-Revolution ja überhaupt erst hervorgebracht. Um es einfacher zu sagen: Rock ist zum großen Geschäft geworden, zum Konzern-Kapitalismus in Aktion, so vom Konsum durchtränkt, dass es einem schon Angst machen kann. **Fugazi** wenden sich deshalb auch ironisch gegen all die linken, antikapitalistischen Künstler wie **Billy Bragg**, **The Clash** und **Midnight Oil**, die zwar die Herrschaft der Konzerne über unsere Welt kritisieren, aber mit riesigen Konzernen zusammenarbeiten, um ihre Platten zu produzieren, zu vertreiben und zu verkaufen. **Fugazi** hat schon viele Majorangebote abgelehnt und geschworen, sich nie vor den Karren der habgierigen Konzerne spannen zu lassen. Statt die übliche Runde durch die Clubs zu machen, haben sie in Gemeindezentren, High Schools und sogar im Gefängnis Lorton gespielt. Keine ihrer US-Shows hat jemals mehr als sechs Dollar gekostet, und sie sind immer für alle Altersstufen offen gewesen. Der Rock-Welt, in der die Eintrittskarte für eine Band von der Popularität **Fugazis** normalerweise 15 Dollar oder mehr kostet und in der praktisch alle Bands in Bars spielen, die für Menschen unter 21 gar nicht offen stehen, ist eine solche Haltung völlig fremd« (Mark Andersen, *Washington Peace Letter*, November 1991, 8)

Fugazi ist natürlich nicht die erste Do-it-yourself-Band. Es gibt im Punk allemal nur sehr wenige Manager, und bis vor kurzem gab es auch praktisch keine Verträge für Platten und Konzerte. Platten werden zu unterdurchschnittlichen Preisen verkauft und können direkt über die Bands oder die wenigen Plattenläden, die sie ins Sortiment nehmen, bezogen werden. **Crass** waren vielleicht die ersten, die ihre Platten billig verkauften und sogar noch den Gewinn dafür verwendeten, andere Bands zu unterstützen. »**Crass** funktionierte auf der Basis wirtschaftlicher Unabhängigkeit und organisierte alles selbst, von den Tourneen bis zu den Platten und dem Vertrieb. Ihr einziges Interesse bestand darin, genug Geld zum Leben zu haben, aber keineswegs darin, einen Top-40-Hit zu landen oder in großen Stadien aufzutreten.« (*Pop and Politics Do Mix!*, 14)

Kaum eine Punkband kann überhaupt von ihren Einnahmen leben. Deshalb ist schon die Idee, aus der eigenen Arbeit riesige Summen zu ziehen (ohne Punk dabei auszunutzen) weder weit verbreitet noch realistisch. Kein Plattenladen und kein Club wäre finanziell erfolgreich, wenn er sich nur auf Punk beschränken würde. Das kleine Publikum und die niedrigen Konzert- und Plattenpreise im Punk verhindern geradezu, ein Projekt mit hohen Kosten zu finanzieren. Deshalb ist den meisten Punk-Plattenläden und -Clubs ein kurzes Leben beschieden, selbst in Gegenden, wo viele Punks wohnen.

»Der schönste Kontrast zu Punkrock ist die Welt des großen Geschäfts. Es gibt keine Rock'n'Roll-Fans, die einen eigenen Plattenladen betreiben.

Das sind Geschäftsleute, die nur daran denken, sich dumm und dämlich verdienen. Punk wird nicht von Agenten, Managern, Produzenten und Aktienbesitzern reguliert und kann deshalb nicht vom Big Business an die Wand gedrängt werden. Wer sich mit Punk einlässt, um mal schnell das große Geld zu machen, ist genauso schnell wieder draußen, weil sich dort einfach nichts verdienen lässt. Es gibt Tausende von Bands, Labels, Zines und Promotern, denen die Musik, die Philosophie und die Ideen Spaß machen. Der weltweite Punk ist eine echte Graswurzel-Bewegung.« (Chris BCT, Betreiber eines Kassetten- und Plattenlabels, *Threat By Example*, 44)

Trotzdem ist es möglich, einen erfolgreichen Laden mit Punk-Platten aufzuziehen – na ja, fast. Seit über sieben Jahren gibt es in San Francisco das Epicenter, einen von *MRR* unterstützen Plattenladen [wurde Ende der 90er geschlossen; d. Red.]. Das Epicenter hat die vielleicht weltweit größte Auswahl an Punk-Platten und -Fanzines. Der Laden ist total eindrucksvoll und fungiert auch als Gemeinschaftszentrum für Punks, manchmal sogar auch für Leute, die nicht aus der Szene kommen. »Das Epicenter ist ein Ort, an dem ausschließlich ehrenamtlich und ohne finanziellen Gewinn gearbeitet wird. Der Schwerpunkt liegt nicht nur einfach auf Punk-Musik als käuflichem Produkt, sondern auf Punk als Lebensumfeld.« (*MRR* Nr. 101, Oktober 1991) Die im Laden verkauften Platten sind vergleichsweise preiswert. Und weil dort viele Ehrenamtliche wegen dem Spaß an der Sache arbeiten, kann der Laden auch jeden Tag geöffnet haben. Das Epicenter dient als wichtiges Beispiel dafür, wie

Ausverkauf

sich die Ideen des Punk in die Tat umsetzen lassen. Vergleichbare Läden überall im Land haben meist nur eine so kurze Lebensdauer, dass es unmöglich ist, deren Status zu verfolgen.

Es gibt mehr von Punks geführte Clubs als Plattenläden, obwohl diese ähnlich schwer zu erhalten sind. Von *MRR* wurde auch das Gilman Street Clubhouse im kalifornischen Berkeley eröffnet. Den Club gibt es nun seit zwölf Jahren, jedes Wochenende werden dort Konzerte veranstaltet, die für alle Altersstufen offen sind. Die Regelung, wer hier Mitglied werden kann, ist innerhalb der Clubszene ziemlich einzigartig, weil frei von Exklusivität und Diskriminierung. »Jeder kann für nur zwei Dollar beitreten, sobald er sich verpflichtet hat, die Ablehnung von Gewalt und Vandalismus zu akzeptieren. Wegen der Gefahr einer Razzia ist es auch verboten, Alkohol mit hinein zu nehmen.« (*MRR* Nr. 42, November 1986)

Auch andere Clubs (das heißt Bars) in dieser Gegend haben Punkbands im Programm, doch Gilman ist der einzige reguläre Club, der allen Altersstufen offen steht und nicht gewinnorientiert arbeitet. Alle Konzerte kosten sechs Dollar oder weniger, wobei Bands aus dem ganzen Land (und der ganzen Welt) eingeladen werden. Weil die ehrenamtlichen Betreiber oft wechseln, befürchten viele, Gilman könnte sich irgendwann in einen Club wie jeder andere verwandeln. Einiges von der ursprünglichen Atmosphäre ist sicher verloren gegangen, trotzdem bleibt Gilman Street eines der wenigen ehrenamtlich betriebenen Punk-Zentren – und das allein ist schon eine Leistung. Andere Clubs in England (1 in 12), New York City (ABC No Rio), Dallas (Slipped Disk) und Harrisburg (Core) haben mit verschieden großem Erfolg versucht, die Leistung des Gilman auf einem kleineren Level fortzusetzen.

Viel verbreiteter als Betreiber eines eigenen Clubs sind Punks, die Konzerte in gemieteten Hallen oder Kirchen organisieren. Aber auch das ist mit Problemen verbunden, denn die Besitzer solcher Lokalitäten wollen oft kein zweites Mal vermieten, sobald sie die laute Musik und die unheimlich aussehenden Besucher mitbekommen haben. Viele Leute vermieten erst gar nicht, weil sie vom negativen Medien-Image des Punk beeinflusst sind.

Positive Force aus Washington D.C. haben stets mit Erfolg Kirchen und Schulen angemietet. Wie Gilman organisiert Positive Force nur drogenfreie, preiswerte Konzerte für alle Altersstufen. Sie finden nur einmal im Monat

Cringer,
New York
City, '91

und oft vor vollem Haus statt. Im Unterschied zu anderen Punk-Clubs und Organisatoren veranstaltet Positive Force nur Benefiz-Konzerte für politische Anliegen. Auf den Konzerten gibt es Büchertische und politische Redner, die in den Umbaupausen Vorträge halten. Positive Force hat unter anderem Benefizkonzerte »für Initiativen gegen Rassismus, Sexismus, Militarismus, Drogenmissbrauch, Homophobie, Tierversuche und wirtschaftliche Ungleichheit« (Mark Andersen, Positive-Force-Flugblatt, 1990) organisiert.

Wichtiger ist dabei vor allem die Art, wie solche Veranstaltungen durchgeführt werden. »Positive Force hat kein Interesse daran, Teil des Rock'n' Roll-Spiels rund um Clubs, Mode, Idole und Ruhm zu sein. Alle unsere Veranstaltungen sind für jede Altersstufe offen. Punk drehte sich um die Jugendlichen, die Rock'n' Roll für sich und als Graswurzelbewegung zurückerobern wollten. Sie wollten die Rock-Aristokraten und die Geldscheißer der Konzerne überflüssig werden lassen. Positive Force steht immer noch zu dieser Vision.« (Mark Andersen, Positive-Force-Flugblatt) Auch in Europa gibt es bis heute noch einige von Punks besetzte Gebäude, die unter anderem als Clubs fungieren und in denen Bands auftreten. Sie werden in der Regel illegal betrieben und dürfen als einzigartiges Beispiel dafür dienen, wie Punks in der Lage sind, sich selbst zu organisieren und ihre Konzerte ohne Hilfe von außen durchzuführen.

Der Ethos des Punk-Geschäfts ist immer »D.I.Y.« (do-it-yourself) gewesen. »D.I.Y.« ist Bestandteil des anarchistischen Prinzips, das Verantwortung und Kooperation für eine produktivere, kreativere und freudvollere Zukunft voraussetzt.

»In unserer Zeit der stetig zunehmenden Zentralisation, der technokratischen Rationalisierung und der Manipulation des Verhaltens ist es eine wahrhaft subversive Entwicklung, sich nicht auf die herrschenden Kräfte der Gesellschaft zu verlassen, die uns nur auf Konsum konditionieren wollen. In dem Moment, in dem ihr das lest, sind Tausende frustrierter, kreativer Individuen in allen Teilen der Erde dabei, über Kanäle zu kommunizieren, die sie selbst errichtet haben. Es gibt ein zähes und wachsendes Underground-Netzwerk, mit dessen Hilfe Ideen, Informationen und selbstproduzierte Dinge verteilt werden können. Ein Netzwerk, das die künstlichen Grenzen überschreitet, die unabhängig denkende Menschen von einander trennen. Ob dieses Netzwerk sich irgendwann selbst im ekstatischen, anti-autoritären Versuch auffressen wird, die nationalen und internationalen Machteliten herauszufordern, oder ob es einfach bleibt, wie es ist, gärend und durch seine bloße Existenz die Fassade des ›Konsens‹, die uns überall in Ketten hält, durchschneidend, das kann wohl niemand sagen. Ich ziehe es vor, solche Prognosen den ›Experten‹ zu überlassen, die einmal herauszufinden versuchen werden, worum es sich bei uns denn eigentlich handelt.« (Jeff Bale, *Loud 3D*, herausgegeben von Gary Roberts, Rob Kulakofsky und Mike Arrendono, IN3D Press, San Francisco, 1984, 83)

Bibliografie

- The ALF is Watching.
  LP-Compilation. Laguna Beach,
  Kalifornien: No Master's Voice
  Records 1990.

- Andersen, Mark: »Fugazi –
  Rhythm of Chance«.
  In: Washington Peace Letter.
  November 1991, Seite 1.

- Animal Liberation Front Suppor-
  ters Group. Flugblatt. London
  1988.

- Anonym: Diverse selbstgedruckte
  Flugblätter, die bei Konzerten in
  Washington D.C. verteilt wurden.
  1985–1991.

- Aronson, Elliot: The Social
  Animal. San Francisco: Freeman
  and Co. 1972.

- Arrendondo, Mike; Kulakofsky,
  Rob und Roberts, Gary:
  Loud 3D. San Francisco:
  IN3D Press 1984.

- Assault with Intent to Free.
  Fanzine. P.O. Box 8722,
  Minneapolis MN 55408:
  Nr. 8 und 9 (1989–91).

- Belsito, Peter und Davis, Bob
  (Hrsg.): Hardcore California.
  San Francisco: Last Gasp
  Publishing 1984.

- Conflict: It's Time to See Who's
  Who. LP. London: Mortarhate
  Records 1986.

- David (Nachname unbekannt):
  Pop and Politics Do Mix!
  Fanzine. Lancashire, England
  April 1991.

- DOA: Right to be Wild. EP. Vancouver, Kanada 1983.

- Final Conflict: Ashes to Ashes. LP.
  Los Angeles: Pusmort Records
  1986.

- Flipside. Fanzine. P.O. Box 363,
  Whittier CA 90608: Nr. 23, 34,
  45 und 48 (1981–86).

- Hard Times. Fanzine. Trenton,
  New Jersey: Nr. 7 (Juni 1985).
  [Interview mit Ian MacKaye].

- Henry, Tricia: Break All Rules!
  Ann Arbor, Michigan: University
  Microfilms 1989.

- Holy Titclamps. Fanzine.
  P.O. Box 591275, San Francisco
  CA 94140: Nr. 6 und 7 (1990–
  91).

- Homocore. Fanzine. P.O. Box
  77731, San Francisco CA 94107:
  Nr. 7 (Februar 1991).

- Josephson, Eric und Mary:
  Man Alone. New York: Dell
  Publishing 1962.

- Lookout. Fanzine. P.O. Box 1000,
  Laytonville, California: Nr. 31
  (Sommer 1988).

- Maximum Rock N Roll. Fanzine.
  P.O. Box 460760, San Francisco
  CA 94146: Nr. 18, 19, 22, 25, 39,
  42, 48, 49, 53, 61, 62, 71, 72,
  76–79, 84, 95, 98, 99, 100, 103
  und 104 (1983–92).

- Minor Threat: Minor Threat. EP.
  Washington D.C.: Dischord
  Records [3819 Beecher Street,
  NW Washington D.C. 20007]
  1981.

- PEACE. Internationale LP-Compilation. San Francisco: R Radical
  Records 1984.

- Profane Existence. Fanzine.
  P.O. Box 8722, Minneapolis MN
  55408: Nr. 1–9 und 11–13
  (1989–92).

- Sign Language. EP-Zusammen-
  stellung. San Francisco: Allied
  Records 1991.

- Sprouse, Martin (Hrsg.):
  Threat By Example. San Francisco: Pressure Drop Press 1989.

- A State of Mind: Animal/
  Humyn Exploitation. EP. San
  Francisco: Mind Matter Records
  1987.

- Subhumans: Rats. EP. London:
  Bluurg Records 1983.

- Tantillo, Ne: »Comfortable
  and Free«. In: Riot Grrl. Fanzine.
  P.O. Box 7453, Arlington,
  VA: Nr. 5 (Sommer 1991).

Dough Boys, Washington D.C., '88

Jonas Engelmann (Hg.)
DAMAGED GOODS
150 Einträge in die
Punk-Geschichte

Angereichert mit Anekdoten
und Hintergründen wird
Bekanntes neu beleuchtet
und Unbekanntem ein Platz in
der Punk-Historie von Punk
gesichert.

Norma Schneider
PUNK STATT PUTIN
Gegenkultur in Russland

Ein Porträt der russischen
Sub- und Gegenkultur

Alexander Pehlemann (Hg.)
**WARSCHAUER PUNK PAKT
(Erweiterte Neuauflage)**
Punk im Ostblock 1977–1989

Punk schürfen im Wilden
Osten!

Martin Büsser
IF THE KIDS ARE UNITED
Von Punk zu Hardcore
und zurück

Abriss über die Entwicklung
von Punk seit den 70ern,
hierzulande das Standard-
werk und Zeitdokument
zum Thema

Alex Ogg
CALIFORNIA ÜBER ALLES
Dead Kennedys – wie alles
begann

Das erste umfassende Buch
über eine der einflussreichsten
US-Punkbands

szim (Hg.)
DEAD MOON
Off the Grid

Alles über die Kultband

Vivien Goldman

DIE RACHE DER SHE-PUNKS

Eine feministische Musik-geschichte von Poly Styrene bis Pussy Riot

Diana Ringelsiep/
Ronja Schwikowski (Hg.)

PUNK AS F*CK

Die Szene aus FLINTA-Perspektive

Eine Bestandsaufnahme aus der deutschen Punk-Szene

Barbara Lüdde /
Jot Vetter (Hg.)

**OUR PIECE OF PUNK
(Neuauflage)**

Ein queer_feministischer Blick auf den Kuchen

Ein Blick auf die Gegenwart von Feminismus und Punk

Anne Hahn /
Frank Willmann (Hg.)

SATAN, KANNST DU MIR NOCH MAL VERZEIHEN

Otze Ehrlich, Schleimkeim und der ganze Rest

Die Biografie von Otze, dem einzigen Star des DDR-Punk

Anne Hahn /
Frank Willmann (Hg.)

NEGATIV-DEKADENT

Punk in der DDR

Ein umfassender, vielstimmiger Sammelband
zu einem bewegten Teil der DDR-Gegenkultur

Greil Marcus

LIPSTICK TRACES

Von Dada bis Punk – kulturelle Avantgarden
und ihre Wege aus dem 20. Jahrhundert

Der Klassiker der Kultur-geschichte in Neuauflage